スピリチュアルボディで
最強の運と魅力を創る

存在力

プロコーチ・催眠療法士
玉依真乙

みらい
PUBLISHING

存在力　～スピリチュアルボディで最強の運と魅力を創る～

はじめに

この本と出会ってくださってありがとうございます。私は、約10年間、約1万時間を通して様々な人々に寄り添ってきたプロコーチ兼セラピストです。

突然ですが、
人は誰もが、目に見えないもう一つの身体をもっていると言ったらどう思いますか？
「目に見えない身体」とは、知識やスキルを超えた「存在力」のことです。
そう聞いて、どのように感じるでしょうか？

今や、あらゆる情報やサービスがインターネット上で簡単に見つけられる時代です。

だからこそ、

「一体これから何を身に付けていったらいいのだろう？」

「どんな能力を伸ばしたらいいのだろう？」

そんな問いを持って、この本を手に取ってくださった方もいるのではないでしょうか。

その答えの一つが、「見えない身体」にあるのです。それは一体何なのか？　どのように人生に影響を与えるのか？　どうやって育て、輝かせることができるのか？　その知恵を、今の時代を生きる人と分かち合いたいと願っています。


読み進めていくうえで、聞き慣れない言葉があるかもしれません。まずはそのままを一通り読んでみてください。今は腑に落ちなくても、未来のあなたの、お役に立つかもしれません。

人生を変える「存在力」とは

オーラという言葉を聞いたことがあるでしょうか？

ある人が入ってきたとたん、場の空気が一変することってありますよね。その人の身体を取り巻く、有無を言わせない「存在感」。漫画で言えば、人物の背景に描かれるバラの花や光で表現されるものかもしれません。そういったものを感じたことがないでしょうか。あるいは、日々感じていたとしても意識できずにいる人も多いでしょう。

その人の存在感に押されるかのように、つい丁寧に対応したり、他の人では断ることも、力になりたいと感じたり。たとえ背景にバラの花が現実に存在しなかったとしても、です。その理由を、考えたことはありますか？


私は２０１１年からコーチングとセラピーの仕事で、１万時間近く、数限りない人たちと向き合い続けてきた中で、多くの人のオーラを見てきました。

ある女性のクライアントさんの話です。彼女は初め、笑顔を見せていても、心からは笑っていないぎこちなさがありました。漠然とした不安や悩みを抱えた状態で、オーラで言えばくすんだ感じでした。

けれど、丁寧に内面と向き合っていくうち、本当にやりたいことと、そうでないことが明確になっていきました。みるみるオーラが増し、明るく輝くような存在感に変わったのです。

数か月のセッション途中、パートナーとの結婚も決まり、やりたいことに力を入れ始めました。最近では会社員から一転、好きなことで起業を決め、新たな一歩を踏み出しました。彼女の人生は、あっという間に180度変わったんですね。今は「思わず笑ってしまうほど別人」と、コーチングを始めたころを振り返り、話しています。

ある医療機関経営の院長は、スタッフとの人間関係に悩んでいて、エネルギーが内にこもったような存在感でした。彼はとても優しいのですが、だからこそ強いことが言えず、困ったスタッフに振り回されていました。

けれども、セッションを重ねるごとに、自分と向き合う力がつき、やがて気づきが深くなっていきました。他人の顔色やルールに振り回されない強さ、つまり「自分軸」に目覚め、オーラも発言する言葉も変わっていったのです。

スタッフへの思いや、病院経営について大切にしていることが明確になると、「条件がいいから」ではなく、同じ思いのスタッフが集まるようになりました。今では地域でも指折りのクリニックへと成長を遂げています。

このように、考え方の変化で生き方が変わり、周囲からの応援を受けるようになります。なぜなら「存在力」がガラリと変わるからです。

「存在力」が見た目年齢を変える

さらに興味深いのは、実年齢を超えて若返ったかのようになる人が大勢いることです。私は「トランスエイジング現象」と呼んでいます。内側からあふれる生命力で、肉体年齢を逆行し、若々しく魅力的になっていくのです（私も体験をしています）。

一時的に変わっただけでしょ？　と思うかもしれません。ですが、一度変化が起こると、体質ごと定着します。ステージが変わった状態になるのです。

彼ら、彼女たちは、何が変わったのでしょうか？

もちろん、顔の造作や実際の身体ではありません。でも、確実に目には見えないところで、何かが変わるのです。目に見える身体が変わったのでなければ、「目に見えない身体」が別人のように変わったのだと言えないでしょうか？

①私たちには「目に見えない身体＝もう一人の自分」がある

②私たちはそれを無意識に感じ取っていて、肉体はその見えない身体に従う

③見えない身体は、進むべき道を知っていて、進み始めるとエネルギーが増し、周囲も応援し始める

この三つの視点で人々と接し始めた時、全てがつながりました。学んできた心理学、セッションの対話で実感してきたこと、私の人生に起きたことが、一つの線になったのです。

さらに、目に見えない身体は、時間とともに現実の肉体に影響を与えていること。それらの身体は生きて、食事をしたり排泄をしたり、ライフサイクルがあること。それは魂という本質的な部分とつながっているためだと、見えてきたのです。

「見えない身体＝スピリチュアルボディ」を育てる

存在力の元である目に見えない身体を、「スピリチュアルボディ」と呼ぶことにします。ではその存在にどうやって気づき、どう向き合っていけば良いのでしょう。

ポイントは三つです。

①「スピリチュアルボディがあったら」という視点で行動してみる
②「スピリチュアルボディ」のサインに気づく
③迷ったら、情報や他者でなく「スピリチュアルボディ」の声を聞く

物理的な身体の方は、食生活を整えたり運動をしたりしてケアされていますが、目に見えない身体の方はたいてい、おざなりにされています。そもそも存在に気づいていなかったり、もう一人の自分「目に見えない身体」の重要性を知らなかったりすることが、世の中の現状なので、仕方ありません。

でもこの見えない身体をいたわることで、今抱える苦しみや悩み、望まない現実を変

えていくことができるのです。

もし、今のあなたが、

○人間関係がうまくいかない
○仕事でトラブルを抱えてしまった
○事業が立ち行かなくなってしまった
○予期せぬ解雇やリストラにあった
○パートナーとの関係や夫婦、家族関係で悩んでいる
○先行きのわからない未来への不安に苛まれている
○他人の方が自由に生きているように思えて、不公平だと感じる
○根本的な生き方を、変える時が来ていると感じる

こうした問題を抱えているなら、「スピリチュアルボディ」について学んでみましょう。
「どうしようもない」と思ってあきらめていたことが、「自由に変えられる」と思えるようになるはずです。

今、お金や物の豊かさが注目された時代から、心の時代へのシフトが起きているといわれます。2020年からの新型コロナウイルスの流行を一つの切り口として、大激変時代が始まっていることは、誰の目にも明らかです。

見えないものが注目される心の時代、幸せを謳歌して生きるためには、物事のとらえ方を、ぐるりと転換する必要があります。

「私たちには見えない身体がある」

この考えを軸に、一度、「目に見えるものが全て」という思い込みを外してみてください。

どんなことが起こるのか、この本の中で、一緒にその秘密を紐解いていきましょう。

目次

プロローグ

私が「存在力」に関心をもったわけ

第1章

生きながら生まれ変わる

古い自分のリセットで輝くスピリチュアルボディ

第2章

思い込みと存在力

第3章
見えない身体・スピリチュアルボディを解放する「五つの悟り」

第5章
最強の運を創り出すスピリチュアルボディ

第6章

スピリチュアルボディで年齢も超える

第7章

激動の時代だからこそ「存在力」を生きる

プロローグ

私が「存在力」に関心をもったわけ

「内側から輝く魅力」を放つ人たちに出会い始めた⁉

私は２００９年からコーチングを学び始め、プロコーチとして約10年、４０００時間以上にも及ぶ時間を、数えきれない人たちと対話してきました。ヒプノセラピー（催眠療法）のセッションも入れると、その倍は個人セッションに時間を費やしてきています。

その道のりで、特別な美しさを持つ人たちに出会うようになりました。それは見た目と関係なく、内側から輝く光を放つ魅力、といったらよいのでしょうか。

最初に出会ったのは、ＣＴＩというコーチ養成機関の女性トレーナーです。

女優のような特別な見た目を持つわけではありません。けれど、語り出したとたん、ぐっと魂からつかみ取られた感覚になりました。

「なんだろう、これは……」

見た目ではなく、その存在感に、一気に魅了されてしまったのです。この出会いは、私がコーチングの世界に飛び込む大きなきっかけとなりました。


私もあんな風になりたい、あんな魅力的な存在感のある人になりたい！


感情豊かで、内面の弱さも人間臭さもありのまま表現する強さは、とても美しく映りました。輝く女性性とともに、凛とした男性性も感じます。

そんな彼女の発する一言一言は、なぜか心の深い部分に響くのです。私は、始終彼女にくぎ付けになりました。その魅力の理由が何かわからないまま、ただただ熱烈に憧れました。日々、会社生活と育児に追われ、すっかりオーラがくすんでいた私自身にとって、彼女の存在は、まるで稲妻のような衝撃だったのです。

その日から、私はプロコーチになることを目指し、会社員生活のかたわら、トレーニングにはげみました。そしてとうとう、独立してプロコーチとなったのです。**女性トレーナーの「存在力」は、私に大きな影響を与え、人生をすっかり変えてしまいました。**人の放つ存在力とは、それほどパワフルなのです。

人生の目覚ましはスピリチュアルボディの導き

その後２０１１年、ちょうど震災の年から、プロとしてコーチング、そしてコーチングとほぼ同時に学び始めていたヒプノセラピー（催眠療法）も、プロとして提供し始めました。しかし、実はここまで順調にたどり着いたわけではありません。

人は、本当にやりたいことが見つかると、それまでやっていたことに、あまり手がつかなくなります。いえ、むしろ私自身は、それまで「好きでやっている」「得意でやっている」とすら思っていた仕事でさえ、億劫に感じるようになってしまいました。

それ以外のことにエネルギーが湧かなくなってしまうのです。私にとっては、コーチングやセラピーが、その本命の恋人、でした。

私は、いつしか会社の仕事に注意が向かず、ささいな凡ミスを繰り返すようになりました。一体何が起こっているのか、その時はわからずに自分を責めることもありました。

スピリチュアルボディが本命に向かって動き出す時は、そういうことがよく起こります。その場から動き出さざるを得ない状況を自ら作り出すのです。

だから、「職場や環境で苦しさを覚えるようになってきた」ということがあったら、次のステージに進む前ぶれかな？　という視点で見るようにしてください。

そんなある時、ついに限界が来たのでしょう、上司や客先、人事を巻き込むトラブルの渦中にはまってしまいました。それまでの長い秘書人生では最も大きなトラブルだったと思います。

その出来事をきっかけに、会社の仕事にはエネルギーが湧かなくなりました。そしてとうとう、表面張力で張っていた水が一気にあふれるように、

「私、会社をやめます」

という言葉が、上司の前で突如口をつき、出てしまったのです。

その日の朝には、予定もしていなかったセリフです。言いながら頭のどこかでは「え？　え？」と驚いている自分がいたのを覚えています。

スピリチュアルボディは「待ってはくれない」

「言っちゃった……」その後、実はしばらく、みっともなくぐずぐずと後悔していました。今でこそ、「２０１１年に独立した」なんて言っていますが、実際はプロになるための「独立」なんていう格好の良いものではありませんでした。

ただし振り返れば、あれは間違いなく私のスピリチュアルボディからの指令でした。「もう、新しい道に踏み出す時だよ、ここに居続けてはいけないのだよ」、というコーリング、目覚まし時計です。

成功するかしないかわからないプロコーチになるために、安定した大企業をやめることは、その時点の私にとっては、いわば遠い未来にぼんやり描いている、画素数の粗いビジョンでした。

でもスピリチュアルボディは、自我が準備できるのを悠長に待ってはくれません。時が来たら、否が応でもたたき起こそうとします。人によってはリストラだったり、理不尽なパワハラだったり、不意打ちのようなトラブルを引き起こすのです。なぜなら本来自分が進むべき道に、進めなくなるからです。もし当時の現状にとどまっていたら？　と思うとゾッとするほど、大事な出来事でした。

ぐずぐずしていた私自身も、こうしてそれまでの「会社員生活」という堅牢な枠を超えることを、半ば強制的に体験したのです。時に、進むべき方向へ向かって強力に背中を押すからこそ、古い自分を超えさせてくれる見えない身体、スピリチュアルボディ。超えるごとに輝きやパワーを増し、肉体は若返りすらします。ちなみに、今の私は10年前よりもずっと健康的で生き生きしています。先日、何年か前に撮ったパスポートの写真を見たら、今よりも年上に見えて驚いたほどですよ。

第1章

生きながら生まれ変わる

古い自分のリセットで輝くスピリチュアルボディ

手放すと始まる

会社員にとって、次の就職先も未定のままの退職は、リセット、つまり「死と再生」のような体験です。それまでの確固とした「〇〇会社の私」というアイデンティティを喪失するのですから。

独立起業する場合も同じ。準備万端で独立するという場合であっても、会社員という足場が外れることに、不安感を全く感じない人はいないはずです。

私の場合は、安定的に入ってきていた収入が無くなり、仕事に失敗しても誰もフォローなんてしてくれない、と思うだけで、無力感と怖さを感じました。そもそもうまくいくのだろうか、生きていけるのだろうか？　不安定な未来を想像すると、恐ろしい死の恐怖を感じます。

しかし、振り返った時、確信します。新しい自分が生み出されるには、「リセット」が必要なのです。

死があるからこそ、再生が起こる。

リセットは、これまで自分にとって、「疑いもなく大事」「あって当然」だと思っていたものを手放すことです。そこから引き離されることです。

無いとダメなのだ、という依存心や執着心が、古い自分の正体です。

この古い自分を完了して終わらせるのです。

スピリチュアルボディを輝かせる一つの方法

依存心、執着心のおおもとは、「自分は弱い存在で、価値や能力が欠けている」と感じる無力感です。本当の自分の力を忘れているのです。

これまでの古い自分がリセットされると、依存していた対象が無くても大丈夫な状態になります。古い価値観に明け渡していた自らのパワーを取り戻すことになります。

スピリチュアルボディが進化する時には、リセットのタイミングが自然とやってきます。

つまり、一段レベルアップした自分でないと歩めない道、受け取れない喜びが、その先にあるのですね。だから一旦、古い自分を終わらせる必要があるのです。

最近辛かった、あるいは今まさに苦しい体験をしている、という方は、**「古い自分のリセット」**という言葉を思い出してください。

私自身は、会社をやめる以外に、離婚を経験しています。子供たちも家も手放し、スーツケース一つで家を出る、全てだと思っていた恋人から裏切られる、様々なリセットを体験しています。

そのつど、間違いなく「古い自分の完了」を体験しました。

泣きながら水ばかり飲んで数日間寝込んだこともあります。誰かを赦せなくて、みぞおちの奥からちぎれるような憎しみや悲しみがあるのだと知ったし、相手を赦し、それが自分にとって避けられないリセットだったと腑に落ちるまでに何か月もかかったこともあります。

振り返れば、これらはかなりハードな体験でしたが、超えるごとに「リセット」が上手に、だんだん軽やかになっていきました。

古い自分がリセットされる状態は、まさに「死と再生」といえる現象です。でも、実際に命まで死にはしないのです。

身体の傷の回復と同じように、古い自分のリセットで起こった痛の傷も、癒えるのに時間がかかります。

大切なのは、苦しみから回復すると、以前よりも確実に、心と考え方が自由になっていること。生きながら何度も新しい自分に生まれ変わるのです。

「古い自分のリセット」を乗り切る六つのコツ

ショックな出来事は、生まれ変わるチャンスとは言うものの、苦しみのさなかにある人、乗り越える術を見つけられない人が、今まさにこの本を手に取ってくださっているのかもしれません。

そこで、リセットを超えていくためのコツを六つご案内します。

①それなりに時間がかかることを受け入れる

心は見えないため、すぐに変化や回復できると思われがちです。

しかし身体の傷が回復するまでに、血が止まって骨がつながり皮膚が再生して……と手順がかかるように、場合によっては数か月、心の回復にもそれなりの時間を要します。

だから焦らず、自分を赦してあげてください。優しく、ゆっくり回復させてあげましょう。

②無理をしない、ハードルを下げる

回復期間は、いつもしていることができなかったとしても大丈夫。場合によっては、「生きていればOK」「ごはんが食べられていればOK」くらい、ハードルを思いっきり下げてください。いつもしていることができないと、自分を責めてしまう方が多いですが、身体の無事にフォーカスしましょう。眠い時はたくさん眠ると、眠っている間に潜在意識が自然治癒力を発揮して回復が進むこともあります。

③現実に触れる

心が弱っている時は、内にこもって妄想が広がってしまい、苦しみが増幅されることもあります。

自然のパワーに癒されることもおすすめです。

外を歩くと、新しいアイデアが浮かび、違った発想がやってくることもよくあります。

一日一度は近所の公園の大木に触れに行くなど、簡単なことでも、気分はだいぶ変わります。ストレスにならない程度に人に会ったり、話を聞いてもらったり、現実とかかわる時間を作ると、逆に楽になります。

コーチやカウンセラー、セラピストなど、プロにお願いすることも良いと思います。

④瞑想は強力なツール

人によって向き不向きはありますが、瞑想は、リセットの期間を乗り切るためにとても有効な手段です。

心を静めてゆったりと座り、呼吸に意識を向けていると、気持ちが落ち着き、回復が進みます。まずは10分程度で構いません。初めは、気がかりや雑念が湧いてくることも多いのですが、淡々とそれらの雑念が湧いては消えていくのを観察していると、徐々に静まってきます。

瞑想は様々な流派やメソッドがあります。自分なりにやりやすい方法を見つけてみてくださいね。

⑤マイナスな気分の時は「考えない」

気分が落ち込んでマイナスの時に、未来のことやこれからどうするか、ということを考えると、良いアイデアは浮かびません。

不安や恐れが強い時は、発想が貧弱になるのです。そういう時は思考を休ませることが大切です。大事なことを考えるのは、気分が良くなった時にすることをお勧めします。

⑥落ち着いてきたら、「好きなこと」「心地良いこと」を選ぶ

最初はなるべく「動かない」「落ち着くまで何もしない」。心の状態が安定してきたら、少しずつ「好きなこと」「心地良いこと」に目を向けましょう。

好きなもの、身体が喜ぶものを食べ、美しいと思うものに触れ、心地よい服を着て、寝具を気持ち良いものに変え、部屋をきれいに整えて、見晴らしの良い景色を眺める。心地良さを自分に与えてください。だんだん再生に向かってエネルギーが溜まってきます。

次の未来を考えるのは、この状態まで回復してからにしましょう。

こうして古い自分のリセットを終えると、明らかに雰囲気が変わります。スピリチュアルボディは新しく再生します。たとえ苦しいさなかは、全くそう思えなくても、です。私自身の体験でも、たくさんのクライアントさんたちの道のりを経てみても、本当にそうでした。

「死」と「再生」はワンセット

肉体も、断食などで「飢え」させる、という適度な負荷をかけることによって、サーチュイン遺伝子という「若返り」に有効な成分が働き出すそうです。

命は、死を意識して初めて、再生が起こるのですね。肉体レベルでも、精神のレベルでも、死の恐れと新たな生命力は、どうやら切り離せない関係があるようです。

自然界には、「ベニクラゲ」という不死の生き物がいて、ほかの生き物に食べられることが無い限りは生き続けるそうなのです。死にかかるたびに、若返るそうです。

生命にとって、死と再生はセットなのです。リセットを通して生命力を回復するのです。人によっては、何度も体験するかもしれません。

覚えておいてほしいのは、リセットを超えたところに、必ず新しい「生」があることです。新しい自分としてバージョンアップし続けるには、いわば「古い自分が死ぬ」「死に続ける」必要があります。

ただこの時、自分の肉体そのものも含めて、死にたがっているように誤解する人がいます。

しかし、それは違います。

苦しい、死にたいと思った時、依存心や執着心、**「古い自分の考え方」が死にたがっている＝リセットしたいと思っているのです。**決して、身体ひっくるめて死にたいわけではないのです。

そんな時は、古い自分の生き方や価値観だけ死なせて、新しいスピリチュアルボディを再生しましょう。今苦しみの最中にいる方は、生まれ変わるための、大きなチャンスがやってきているのです。明けない夜など決してありません。**一つの人生で、何度も転生するのが、新しい時代の生き方**です。

第2章

思い込みと存在力

「思い込みを外す」はすぐにできる小さな「リセット」

私のオフィスには、会社員、主婦はもちろん、障がいを持ち、生き方に迷う方、風俗業界で働く方、企業の経営者、医師、プロのアスリートなど、私の会社員人生で出会うことの無かった多種多様な方々がおとずれます。自分と向き合い、課題と感じていたことを超える（解決ではなく、超える）ためにです。

彼らが「思い込み」を壊すたび、深いところにある本当の思いや願いが解放されます。その際、新しいエネルギー体（としかいいようのないもの）が、内側から徐々に現れ出てきました。

「思い込み」は自分の中の透明な壁

つまり、古い自分のリセットとは、一気にドッカンと体験しなくても、ひとつひとつ思い込みを外していけば、同じような効果があるのです。

あるいは体験するはずだった大きなリセットが、穏やかな小さめのリセットですむようになるのだと思います。

例えば、あるクライアントさんは、いつも「何が正しいのか？」「誰がどう思うか？」という考えが、人に「何を言うか」、「どう行動するか？」の基準になっていました。「人が嫌な思いをしないことが大切」という思い込みが、心の中を強く支配していたのです。それにいつも振り回され、行動や発言がぶれて思わぬ結果を生み出すという、無駄なエネルギーを使っていました。行動する前や決断の時に、

「自分の腑に落ちていますか？」

私が問いかけると、ハッとして、しばらく沈黙していました。

彼の中で、納得のいく決断をすることや、経営者としての信念の方が大切なのだ、ということに気づいたのです。

次にいらっしゃった時、以前よりも一段、エネルギーは生き生きしていました。行動の指針が、自分の内側にあると気づき、楽に決断ができるようになったそうです。

本当に大切なことに気づくと、発言も行動も決断も、まるで変わります。当然、得られる結果も全く違ってきます。なぜなら、私たちの人生は、日々の行動の集大成だからです。人は一日に、約３万５千回もの決断をするという研究報告があります。そのほとんどが無意識に、自動で行われます。気づかないレベルにある「思い込み」が、どれほど無数の決断に影響を与えるかは、計り知れないのです。小さな決断の積み重ねは、小さな行動の積み重ねとなり、大きなうねりを人生に起こしてゆきます。

「小さなリセット」を積み重ねる

何度も繰り返し出会う問題は、その奥を探ると必ず何かしらの「思い込み」があります。「思い込みを見つけて超えること」は、小さなリセットになります。

私自身の小さなリセットもたくさんあります。思い出すのは「お金は節約しなくてはならない」が外れた経験です。

当時、お金は節約するもので、一日に使う金額を低くすれば、お金に困らず、安心できると思い込んでいたのです。その思い込みによって、選べるセミナーや勉強会も、本当にやりたいことではなく、安価で内容の薄いものになりがちでした。食事も金額ばかり気にして、本当に自分が何を食べたいのかわからなくなっていました。

その窮屈さと向き合った時に、「お金は節約するもの」が人生を大きく制限している思い込みだったことに気づきました。未来のためにお金をため続けるのが安全ではない。「死ぬまでお金を稼ぎ続ける力」のある自分になることのほうが大切だと思い至ったのです。このリセットが起こって、私の目の前はパッと明るくなりました。不思議なもので、お金に困ることや、「困った」と感じることは、ほとんどなくなったのです。

自由にお金を使って、本当に学びたいことを学び、本当に似合う、気分の上がる服を買うようになりました。

「お金をどれだけ持っているか」と、「お金に困るか困らないか」は、別の話なのです。未来に十分な貯金がなくても、それによって「困る」という発想がなくなります。

生きている限り、世の中に何か価値を生み出し続ければいい、ちゃんと生かされるのだ、という考えは、私に大きな自由をくれました。あのリセットが起こらなければ、幅の狭い、つまらない生き方をしていたと思います。なにより、違う形で大きなリセットが起きていたに違いありません。

見えない身体年齢を超えるカギ

一つずつ古い思い込みの枠を外して、楽になること。
本質的な願いに気づくこと。
日々の気づきを積み重ねていくこと。

こうした経験とともに、目の輝きが増し、内からみずみずしい輝きが生まれます。表情や肌色まで変わったように感じられることもあります。セッションごとに、より男性らしく・女性らしく顔つきも変わり、魅力的になる方を数多く見てきました。中には、別人のように様変わりする方もいらっしゃいます。そのインパクトは、衝撃です。

人は若い間は、子孫を産み育て、家族を養うため、肉体は成長しエネルギーも強いです。

それに対応するかのように、価値観も物理的、現実的なところに置かれます。例えば、いい家に住みたい、お金を稼ぎたい、異性にもてたい、などですね。

これは私の仮説ですが、40代以降になると、だんだん肉体のエネルギーが後退し、その分「見えない身体＝スピリチュアルボディ」の状態が如実に現れてくるのです。

ランプで言えば、シェードが薄く、中の光が強ければ、透けやすくなります。漏れ出た光こそが、存在力です。

年齢を重ねるほど「見えない身体」の状態が、存在力を左右するのではないでしょうか。リセットや思い込みを超えたスピリチュアルボディは光を増し、肉体年齢を超えた若さを醸し出すようになるのです。

人間関係の悩みが、生きる力をそぎ落とす

私たちの脳は、日々大量にカロリーを消費しています。「考える」ことに多くのエネルギーが使われていると、科学でもわかっています。人の悩みは、その9割が、人間関係にまつわるものです。コーチングやセラピーの現場からもそう確信を持って言え

ます。単純に言えば、人間関係の思い込みによって、私たちは日々多くのエネルギーを使っているのです。

ということは、**あなたの持つ人間関係が、生きるエネルギーを左右しているのです。**

人間関係の思い込みの外し方は、後のほうで詳しく書きます（第3章）。

私たちは生まれてから、子供の頃の教えや体験、社会からインストールした常識、プラスやマイナスの経験から作られた膨大な量の「思い込み」を持っています。

思い込みが次々と悩みを作り出し、本来のエネルギーを浪費しているのです。さらに、思い込みの枠から出られず、自由を奪われたスピリチュアルボディの光をくすませています。

幼少期から刷り込まれた「常識」は、無難で安全かもしれません。しかしこの生き方をし続けている人ほど、山のような思い込みを抱えています。それらを全部無くす、というのは至難の業です。**思い込みは「超えればいい」のです。**

「無くす」のではなく「超える」・超え方3パターン

思い込みは、生きている限り、常に新しく生み出され続けます。まるで、片づけを怠れば、自然と部屋が散らかってしまうように。どれほど自由になっても、成長しても、そのたびに悩むことは必ずあるでしょう。

無くすことより、いつでも思い込みを超えられるだけの柔軟さや、新しい視点を持てるやわらかい心を持つことです。思い込みを超えるほど、閉じ込められていたスピリチュアルボディは解放されます。悩みに浪費していたエネルギーが、輝きとなって戻ってくるからです。行動や言葉も自由になり、パワーを増したあなたの存在力は格段に上がります。

では思い込みを超えるためには、どうすればいいのでしょう。ここでは「過去」「現在」「未来」の時間軸別に、超え方を紹介します。

◎「過去～視点を変える」自分の持っている思い込みに気づく

幼少期から刷り込まれた思い込みは、本人も気づかないうちに、行動に制限をかけています。超えるには、まず「気づく」こと。そして気づいたら、新しい視点を持つ力を養うのです。

ここでは超えるステップを3つ紹介します。順に試してみてください。

①思い込みによる不自由さに気づく

新しいことにチャレンジしようと考えた時、どんな「心の声」が、あなたの行動を止めてしまうのかを確認しましょう。例えば、「自分には十分なスキルがない」「学歴がなければ社会で大したことができない」など、浮かび上がってくる心の声を見つけます。それが、あなたを不自由にしている思い込みです。

②距離をとる

まず、浮かんできた「心の声」を否定しない。そして正しい、間違いの判断をしないでください。次に身体の少し上から自分を眺めるように距離をとり、「あるなぁ」という感じで見つめましょう。

③取り組んでみる

②で浮き上がった「心の声」をもとに、あなたの本当の想いを探っていきましょ

う。ここでは、

「学歴がなければ社会で大したことができない」

という思い込みを持っている場合を例にして、三つの方法をお伝えします。

方法一《その考えが消えてしまったら？》

もしも「学歴がなければ社会で大したことができない」という考え方自体が、消えたらどう感じるでしょう？

例えば、頭の中のデリートボタンが押されて、そんな思いすらあったことを忘れ、きれいさっぱりなくなったら、どんな気持ちになるだろう？　何を始めてみるだろう？　どんな自分になっていくだろう？　未来にどんな可能性があるだろう？　と想像してみる。

回答例

○もっとリラックスして、自分らしくいられる

○今までやってみたかったことにチャレンジしている

方法二《チャンスだったら?》

「学歴が無いことこそチャンスである」と仮定して、その理由を探してみる。

回答例

○何かに成功すれば、同じ思い込みの人に勇気を与えられる。

○学校では経験できないことを体験していた。

○人と同じことをしても、その他大勢と同じ道しかたどれない。

方法三《裏側の「願い」を探る》

「学歴が無いと社会で大したことはできない」という心の声の裏にある願いを探る。

回答例

○「大したことはできないと思うことで、本当にやりたいことをあきらめ、家族に迷惑がからないようにしたい」

○「大きな夢を描かないことで、失敗を回避し、傷つかないようにしている」

方法一~三で見つかった思いのように、思い込みを紐解けば、さまざまな願いがあるのかもしれません。それらに気づいた時に改めて、「本当はどうしたいのか?」が見えてきます。すると自分を止めていた思い込みを超えていくことができます。その時、スピリチュアルボディが輝き出すのです。

「全てが可能なら本当は何をしたいのか？」と自分の内側を探ってみてください。

◎「現在～行動を変える」・小さな成功体験は、思い込みを消す特効薬

さて、思い込みを超えるための、もう一つのおすすめの方法は、「小さな成功体験を積む」ことです。つまり思い込みが「本当ではない」という体験をするのです。

「思い込み」という《幻想》を消せるのは《現実》です。たとえ小さくても、成功体験を繰り返すことにより、とらわれていた思い込みが消えていきます。

例えば、いつも地味で無難な服装ばかりを選んでしまう（これは以前の私です。笑）、つまり「無難な服装が似合う」という思い込みがあったとしましょう。

この場合、例えばお店に行って、自分に似合う服を店員さんに選んでもらうのもいいと思います。そうすると、たいていは自分で選ばない組み合わせやデザインを選んでくれますし、意外とそれが似合うと感じるかもしれません。また、新しい雰囲気の服を着ることで、新しい自分の良さが引き出される、ということもよくあります。

セミナーや勉強会も、自分で選ばないものに行ってみましょう。人からすすめられたもので視野が広がったり、その場で大事なご縁がつながったりすることがよくあります。最初は違和感があるかもしれませんが、「試してよかった」という成功体験を、積み重ねましょう。アタマで思う以上に、パワフルに思い込みから外してくれますよ。

例えば

「自分は〇〇である」

という自分自身に対して感じている設定を思い浮かべてください。

私はコミュニケーションが苦手だ

私には価値が無い

私は人から好かれない

私は消極的だ

などのセルフイメージを壊してくれるのは、リアルな体験なのです。セルフイメージというのは、あらかた根拠の無い思い込みの積み重ねが、人間の形になったようなものです。自分で思い込んだものだから、自分の力で必ず超えることができます。

◎「未来〜ゴールを変える」・到達点を、前もって設定してしまう

もう一つの方法は、「未来を設定する」ことです。あらかじめ自分の未来を決めることで、一気にいくつもの小さな思い込みが外れることもあります。

例えば

「最高の気分で一日を終えている」という設定をして一日を過ごしてみる。

これはパワフルです。今日一日がたとえどんなに日常的に平凡な予定だったとしても、夜寝る前には自分史上最高の日を過ごし、幸せな気持ちでいる、とイメージするのです。

たとえ昨日と同じスケジュールであっても、普段ならスルーしてしまう些細な出来事に、より多く気づくようになります。最高な一日と感じられる証拠を、ありふれた日常に見つけ始めます。最高の一日にふさわしい選択肢を自然にとるようになるのです。

一日のゴールを決めると、「そのゴールを達成するためにどうしたらいいのか？」に向かって無意識は自動的に選択をします。いつもは思い込みによってしないことを、自然にできてしまいます。違う道を通るとか、小さなレベルかもしれません。でも、それが人生の可能性をグンと広げるのです。

「一日の終わりを設定する」という習慣を、気づいた時にやっていますが、簡単な割に強力です。時には、次の展開へつながるようなシフトチェンジを何度も体験しました。あなたもぜひ、試してみてください。

第3章

見えない身体・スピリチュアルボディを解放する「五つの悟り」

ここからは、スピリチュアルボディを解放し、存在力の光を放つために役立つ「五つの悟り」の視点をご紹介します。一つ一つの悟りを、内側でイメージしながら読み進めてくださいね。真実だと思ってきたことが実は幻想だったと気づき、変えられる可能性があるのだとわかるでしょう。こうした気づきが、スピリチュアルボディを自由に解放します。

◆一の悟り　現実は全て自分で作っている

その一　時間の奥ゆきを知って「今」の本当のパワーに目覚める

◎過去の想像で生まれる未来

今、目の前にカップがあったとします。そのカップは、もともとはどこにあったものでしょうか？　工場で作られ、お店に置かれたのかもしれません。でも、本当は、誰かがそのカップの形やデザインを思いついたところから始まっていますよね。心の中で想像され、形になったという結果が起こったわけです。

今いる部屋の机、テーブル、壁の色、この本ですら、もともとは誰かの想像の中、見えないところからやってきたといえます。つまり、**見える世界は結果**なのです。

今着ている服を見てください。朝、その服を選んだ、という過去が今の身体も、この数年の食事が形作っています。最近外食をあまりしていない私の体は、ほんど近所のスーパーの食材で、できあがっています（笑）。

この本も、２０２０年の12月にインスピレーションがやってきて書いたからこそ、今あなたがこの文章を読んでいます。

こうして、今、**見えているのは全て過去からやってきたもの**です。

見たり、体験したりすること全てが、過去の結果で、時間を経てここにやってきたということ。誰かが思いついたことから始まっていると気づいてください。「今」まさに心で想像しているものが、未来の原因となり、刻々と作り出されつつあるのです。つまり、未来に現れるものを大きく左右するのは、**「どんな今をどれだけ積み重ねるか」**なのです。

◎奥に折りたたまれた時間とは

画家のピカソは、ファンから紙に絵を描いてほしいとお願いされ、30秒ほどでさらりと描いて手渡しながら、「この絵の価格は、１００万ドルです」と言ったそうです。たった30秒しかかかっていないのに、と反論されたピカソは、「30年と30秒ですよ」と答えたといいます。

目の前に現れているものの奥に折りたたまれた時間。それが質や価値を生みます。今この瞬間に想像し、行動していることは、何であれ必ず未来に現れ出てきます。

身体で言えば、もしあなたに気に入らない贅肉がついているとしたら、必ずもとになる栄養をとった、ということですよね。しかも、いきなり太らないので、習慣として積み重ねたものが必ずあるはずです。つまり、その贅肉に、行動と時間という過去が折りたたまれているのです。

今の姿になるため、一体どんな過去が折りたたまれているのか？　そんな奥ゆきを見る目を持つと、人や現実の見え方も変わってきます。そして、今この瞬間、何をして、どんな習慣を積み重ねていくのかも変わるはずです。

【問い】
「あなたは、今、何を積み重ねていますか？」
「今後、何を積み重ねていきたいですか？」

その二　自作自演の大河ドラマを書き換える

◎あなたの脳が現実を創る

例えば、今、あなたがいる位置から「白いもの」を探してください、といえば、白いものがたくさん見えてきますね。

次に、「赤いもの」を探してください。すると、先ほど白いものを見つけようとしていた時には、目に入らなかった赤いものがたくさん見えてくると思います。

自分を取り巻く現実は、気づいてしまったら、気がふれてしまうほどの刺激や情報量にあふれているのです。

だから脳は、気づくものをぎゅっと何割も絞っています。高性能のフィルターとノイズキャンセラーで、情報処理と編集を施し、さらに画素数をぐーっと落として粗くしたものを、自分の現実として体験しているのです。


例えば、視覚一つとっても、実は見えている全てに色がついているわけではない、と知っていますか？　視界の真ん中はカラーですが、端っこのほうは実は白黒になっているのだそうです。周辺の視野は、勝手に脳が色を補正しているわけです。

音も、膨大な音の情報の中で、自分にとって必要な音だけを選んで聴いています。例えば講演会などを録音して、後に再生したら、その場では全く気にならなかった会場の雑音の多さに驚いた、という経験はないでしょうか。

同じ現実にいながら体験しているものが人によって違うのは、この情報処理のやり方が全く違うからなのですね。


人は、見たい、知りたい、と意識したものを、膨大な現実の情報の中からピックアップして、気が付く仕組みになっています。**気づきたいこと「だけ」を気づく**のです。

例えば、同じ現実に100人いたら、体験の仕方も100通りです。

それぞれの願いに沿って情報が絞られ編集されて、それぞれの体験する現実が作られます。それはつまり、あなただけにカスタマイズされた現実なのです。

◎誰もが、内なる「敏腕編集者」を雇っている

起こったことにどんな意味付けをして、どのようなエピソードへつむいでいくか、人によってバラバラです。内なる「敏腕脚本家」がいるんですね。

例えば、ふとした瞬間に、友人の顔がつまらなさそうに見えたことと、自分に対してそっけない態度に感じたこと、このたった二つの点をつなぎ合わせ、「友人は私を嫌っている」、なんていうドラマを作ったりするのです。好みの異性とふと目があったから、相手は自分に気があるに違いない、そんなドラマを描くこともあるでしょう。きっと私を恨んでいるに違いないと思っていた人が、逆に感謝していた、ということすらあります。

それくらい、個人が体験している現実は、ストーリーもシーンも、自分向けに編集されたオリジナルの、壮大な大河ドラマをつむいでいるのです。同じ現実を体験し、同じ

ストーリーを生きる人は、世界中どこにもいません。

ということは、ですよ。

大河ドラマだと気づけば、この先の脚本を書き換えることもできるのです。今の状況が好きではなかったら、「どんな未来のドラマ展開にしたいのか？」を想像してください。思い切り、ワクワクするシナリオを作りましょう。

例えば、現実の悶々としたシーンは大成功する前夜、というサクセスストーリーも可能です。ドラマでも映画でも、大成功の前夜は、ピンチや試練を潜り抜けるシーンが必ずありますよね？　そんな感じです。

後にくるサクセスを思い描いてニヤニヤすると、潜在意識が自動的に、24時間休みなく、関係する情報を拾い始めます。こうして体験する現実は、本当にドラマチックに変わってゆくのです。

現実は編集された大河ドラマだと想像してくださいね。

【問い】

「あなたが日常でよく体験するドラマはどんな筋書きですか？」

「もしも自由に描けるのなら、あなたが描く次の展開はどんな筋書きにしますか？」

その三　未来のご機嫌な予言者になろう

◎私たちは未来の予言者であることに気づいていない

これから出かけようとする時、誰かと会おうとする時、会議に出る時、仕事をする時、物事を始めるちょっと前に、必ず私たちはそれが「どうなるか？」についてのイメージを持っています。楽しくなりそう、大変になりそう、難しそう、失敗しそう、成功しそう、などなど。

つまり私たちは、未来の予言者なのです。どうなるかわからない未来について、自分なりの「予言」をしているんですね。しかも、たいていの場合は、無意識的に、自動的にやっています。

実は、**私たちが予言に無自覚でいればいるほど、現実に力を及ぼします。**その予言が当たっているはずだと、意識の9割を占める無意識が、あらゆる手を使って証明しようとするからです。人は、心の中の気づかない部分を「乗っ取られてしまう」のです。

コーチングやセラピーの個人セッションを通して垣間見えてくるのは、過去の経験をベースにして、未来の予言を作る様子です。たいてい自動的です。

会社なんてやめてフリーランスになりたい、自由に自分らしい生き方をしたいと願う人はとても多いです。けれど過去の経験をもとに、どこかで「自分にやっぱりそんなことはできない」と予測して、「途中で挫折してしまう」という結果を作る人も、とても多いですね。

そんな予測があると、結局は踏み出さないか、あるいは踏み出してもうまくいかないような振る舞いや行動をとってしまいます。実際には、うまくいかない可能性以上に、うまくいく、または大成功する可能性だってあるにもかかわらず、予測に従ってしまうのです。

◎気づかない足かせを外すより、お気楽な予言者になる

小さな頃に足かせをはめられて育ったサーカスの象は、そんな足かせなんて軽く引きちぎるほど巨大に育っても、逃れられないと思い込んでつながれたままになるそうです。

実は私たちは、家庭、学校生活や職場生活など、生きていく中で、こんな足かせをたくさんはめられてきています。だから、「自分にそんなことはできない」という前提を、

よくよく見つめて欲しいのです。過去には悔しい体験があったかもしれないけれど、それはサーカスの象の足かせで、決して事実ではありません。向き合えば簡単に見破れる、根拠のない予言でしかないのです。

ただしこれらの前提は、空気のように気づくことがとても難しいものです。だから、最初は意識して、ちょっとお馬鹿さんな予言者になりましょう。

例えば今日の予定を始める前に、意識的に、そして根拠もなく、**「絶対うまくいく」「必ず楽しくなる」という予言をする**のです。すると本当にその後の出来事が、本当にうまくいくはずです。

最初は意識しなくてはできなかったことも、何度も予言するうちに「当たり前」の習慣になってきます。こうして、ポジティブな現実を軽やかに作り始めるのです。

《ワーク》

「ご機嫌な予言」をする一日を過ごしてみましょう。

①朝、今日一日の予定を一つひとつ、ご機嫌な予言にして書いてください。

（例）「最高のミーティングになる」「ラッキーな買い物になる」「かけがえのない出会いになる」など

②一日の終わりに、どんな気持ちになっていたいか、予言を書き出してください。

③一日の終わりに、どうだったかを振り返ってみてください。

その四　記憶は上書きされる！　真実は今この瞬間だけ

◎今この瞬間も、止まることなく変化し続けている感覚

今この瞬間、全ては変化し続けています。５分前を振り返ってください。あなたが感じていたことは、もうすでに違う感覚に変化しているはずです。また、胸に手をあて、内側にじっと意識を向けていると、様々な思いや考え、感情が浮かんでは変化したり消えたりしていることに気づくでしょう。内面は、一瞬たりとも静止することはないのです。

であれば、

「あの人はこう思っているに違いない」

という思考が、いかにあやふやな感覚であるかがわかります。つまり自分の気持ちが変化するのと同じように、誰かの気持ちも必ず変化し続けているわけです。「あの人のことは、よくわかっている」「あいつはこんなやつだ」なんて考えは、砂の城のような根拠しかないと気づきますよね。

　すると過去に悩んだり、他者についてあれこれ考えたりすることが無意味だと分かるはずです。落ち着いて、距離をとることもできるでしょう。

◎オリジナルは思い出せない?!　上書きされる記憶

　また、記憶というのは実は毎回、思い出すたびに上書き保存されていると知っていますか?　これは脳科学でもわかっていることです。ヒプノセラピー(催眠療法)では、この記憶の仕組みを使って、嫌な感情や行動を引き起こしてしまうネガティブな記憶を、修正して保存し直すという作業をしています。

　例えば、今思い出す子供の頃は、その記憶を前回思い出したデータとなります。オリジナルではありません。さらに思い出すたび、記憶は少しずつ変化し、上書きされていきます。

　これはパソコンで開いたファイルを、データ編集後に上書き保存する作業と似ています。毎回開くファイルから、オリジナルの記憶を思い出すことはできない仕組みなのです。過去の美しかった恋も、何度も思い出すうち、かなり美化されているかもしれませんね。

だから過去とは、私たちが思う以上にあやふやなものです。自分なりに編集された大河ドラマの**断片を記憶し、毎回手が加わったものを思い出している**わけですから！　**思い出すたびに刻々と変化して、オリジナルの記憶は、もうどこにもありません。**

究極を言えば、**今この瞬間だけが真実**です。だから自分が編集した過去はどんどん手放していいのです。

地球は毎秒６００キロのスピードで宇宙空間を移動しています。実はそれくらい速く、変化が起こり続けているといえます。ある意味、毎秒毎秒、一秒前の現実は、６００キロの彼方に消え去っているわけです。そう思うと、移りゆく今この瞬間が、とても愛おしく、味わい深いものになりますよね。

【問い】
「毎秒毎秒、過去が消え去っているならば、今この瞬間からどう生き始めますか？」

◆二の悟り　人間関係のカギは自分だった！

その一　記憶の中の相手は「幻」

◎心の中のあの人は本物ではない

上司がこんなに嫌な人で……と愚痴を言う時、伝えようとしている上司像は実際の本人ではなく、あなたの中にいるイメージの上司だと気づいていますか？

心理学の専門用語では、この場合のイメージの上司に当たる存在を「内的他者」と言います。内側にいる誰か、つまり、過去のその人の振る舞いや、かかわった経験をもとに勝手に作りあげたイメージなんですね。

目の前に相手がいない状態で語る時、あなたの中で、思い出すという作業があります。記憶を探るこの過程がある限り、過去の記憶に保存された情報は、あなたというフィルターを通した「上司」なのです。

人間関係の中で過去に感じた優しさや愛、強さ、怒りやずるさ……あらゆる**「感覚」や「記憶の断片」という素材を使って、相手のイメージを組み立て、心の中に「相手像」を作りあげ**ているのです。

内的他者は、自分の中にあるもので作った創作であり、イメージです。つまり自分が持っている感覚でしか、相手を語れません。

だからAさんの思う花子さんと、Cさんの思う花子さんは別人だし、本当の花子さんとも別物なわけです。まずは、このことに気づくと、かなりの人間関係の悩みから一気に自由になります。

◎根拠のない妄想から自由になる

実は、そういうことがわかっている私自身でも、ふと「あの人は私のことをこんな風に思っているに違いない」と考えている時があります。今は、自分の中に生まれた瞬間、それが「根拠のない妄想」で、考えても仕方がないと、すぐ手放すことができています。

はじめはこの幻想から抜けるのが難しいかもしれませんが、**妄想と気づいて手放して**いるうちに、だんだん浮かんでこなくなります。

私たちの頭の中に、通常色々な思考は湧いてくるのですが、集中できる考えは一つだけです。本質的にもっと大切なこと、創造的なことや楽しい考えを選択して意識を向けると、人生はぐんぐん前向きになっていきます。

【問い】
「人間関係に全く悩まなくてよかったら、その時間やエネルギーを何に使いたいですか？」

その二　出会いが生み出す私の可能性を楽しむ

◎相手が優しいのは、あなたが優しいから

愛が大きい人は、相手の中に大きな愛を想像することができます。相手がずるい人だと思うならば、同じずるさが、自分の中にあるでしょう。例えば悟りについて全く疎い人は、たとえ目の前に悟りを開いた覚者《かくしゃ》がいたとしても、ちょっと変わった人だなぁとしか見えないはずです。周りの人たちにたくさん**愛されている、と感じられる人は、人**

をたくさん愛し、愛がどんな感覚かを知っている人なのです。

外に見えるものは、内にあるものなのです。内側に無いものを、人は外に見出すことはできません。自分の周りで繰り広げられる人間関係のストーリーは全て、自作自演のオリジナル大河ドラマです。たとえ同じ人間関係を共有していても、相手の中では、あなたのものとは全く違う独自のオリジナルドラマが展開しています。

人によって「違うリアリティを体験している」という区別がつけられるかどうかは、人間関係を楽に生きられるか否かを左右する、とっても大切なポイントです。

◎出会いがあなたの中の可能性を引き出す

人は自分の中の愛に目覚めた時、初めて相手からの愛に気づくことができます。**自分が愛されていることを理解して、愛を受け取ることができるのです。**内と外は確実に連動するのです。

つまり、私たちは世界の多種多様な人々に出会うことで、自分自身の内なるものと出会い続けているのです。

これは、不思議な話でも何でもなくて、冷静に洞察して考えれば、簡単に理解できる「仕組み」です。私たちは自分で思っている以上に、ありとあらゆるものを、心という広大なスペースの中に持っている存在です。

想像できるものは、あなたの内側にある眠れる可能性なのです。そう考えると、私たちはいわば広大な広がりを持つ宇宙のようなものだと、とらえることができます。一人ひとりが、限りない可能性と豊かさを秘めた存在なのです。

《ワーク》

尊敬する人、憧れの人物を思い描いてください。

①その人の「どんなところ」を尊敬し、憧れているのかについて探ってください。

例　マザーテレサの無償の愛や温かさを尊敬している

②尊敬したり憧れたりしている感覚（例えば無償の愛や温かさの感覚）を想像しながら、あなたの中にも同じ感覚があるのを感じてください。

③さらに、もしあなたがその要素を今後自分でも使えるとしたら、「人生はどう変わり、どんなことができそうか」想像してみてください。

その三　嫉妬が教えてくれる、あなたの中に眠るパワー

◎相手の中に見えるものは、あなたの中にもあるということ

誰かが素晴らしい成果を上げたとき、「素晴らしい!!」と賞賛できれば気分は良いのですが、「負けたような気がして」抑圧したり……苦しいスパイラルに落ちてしまうケースもあるでしょう。

でも実は、嫉妬は可能性がある人しかできません。なぜなら、相手の中に見えている素晴らしさ、すごさは、間違いなくあなたの中に眠るパワーそのものだからです。これから現れる可能性や未来に、相手を通して気づかせてもらっているのです。

周りに素敵な人がたくさんいるのなら、その素敵さはあなたの中にもあります。間違いなく「あなたもそうなれるよ、同じ可能性があるよ、そこに目覚めて」という祝福のサインなのです。

◎出会いがあなたの可能性を導く

私たちはこうして、世界に、人に、出会い続けなければなりません。あなたが無限の可能性を持つ存在だということを、日々の体験を通して知るためです。

これが腑に落ちてくると、人間関係に見える景色が変わります。そう、あの人もこの人も……他者に見えているものは、内なる自分。可能性の宝庫です。もしキリストもブッダも、神も仏もイメージできるのなら、それはあなたの中にある神聖な光なのです。なんて豊かなのでしょうか。

人と出会えば出会うほど、あなた自身のいろんな面と出会い、可能性を発見することができるのです。そう思うとワクワクしませんか？

だから相手の中に、素敵だな、美しいな、素晴らしいなと思うものを、一つでも多く見つけるようにしてください。比例するように、自身の内から同じものが確実に引き出されてくるのです。

《ワーク》
今この瞬間、目に入るものの中に、できる限り多くの、素敵なもの、美しいもの、素晴らしいと感じるものを見つけてください。全てあなたの中にあるものです。それらを発見すると、気分がどう変わるかを観察してください。

その四　全ての関係性を受け入れ赦す

◎人との関係性は「自分」対「自分の一面」

相手の中に映し出されたもの。それはあなたの持っている一面です。あなたと誰かとの関係は常に、「あなた」と、「あなた自身の一面」との関係です。

誰かのことを嫌だなって思ったら、ちょっと立ち止まって。あの人があんなで、こんなで、赦せない！って思ったその時、相手は、ほかでもないあなた自身の影だと気づくと、冷静になれます。一旦は嫌ってもいい、憎んでもいい。拒絶してもいい。

でも、**その人の中に見えている「嫌な面」は、間違いなくあなたにもある**ものです。

パワハラ上司の中に見える、意地悪さ、非情さ、という一面を自分にもある、と認めるのは、とても辛いかもしれません。

例えば意地悪な面が一切ない、という人は、他人の意地悪さに気づきません。たとえ意地悪をされているように見えても、本人からすれば、相手の行動は、悪意以外の何かだと感じるはずです。

もし、居心地の悪い一面を相手の中に見つけたなら、自分の中を探りましょう。同じ一面を、誰かに対して、「どこかで必ず」使っているはずなのです。大なり小なり、あなたは同じことをしています。まずはそのことに気づき、認めること。そして「自分が同じ一面を抱くときは、なぜそうなるのか？」その理由を探ってみてください。

もし「意地悪さ」に気づいたなら、例えば「誰かに私の存在価値を揺るがされると、自分を守りたくなってこんな風に意地悪になるなぁ。恐れがベースにあるんだなぁ」と内省するのです。

すると、相手の中に見えたその意地悪さを理解し受け入れることができます。

◎相手を赦すことがなぜ自己受容になるのか

内側にあるものは、ポジティブなものだけでなく、どれほどネガティブなものであったとしても、いいとか悪いとかではなく、あっていいのです。

人の心の中はそれほどに豊かです。善も悪も光も闇も、愛も憎しみも、あらゆるものを包み込めるだけの広さや強さが、私たちの中にはあるのです。

最終的には、あらゆる関係性で起きていることを受け入れ、相手を赦すのです。なぜなら そこに見えるものは、**「自分の中にも存在する」**から。自分自身を大切にして、「あらゆる面を受容し肯定する」ということなのです。つまり他人を受け入れることは、自分自身を受け入れること、自己受容にほかならないのです。


周りの人たちは、鏡そのものです。映る人は、あなたの中にある、ポジティブなもの、ネガティブなもの、あらゆる全てであり、広大さや、豊かさを見せてくれているわけです。

そして、誰もがそれぞれの鏡しか見ることができません。そこには全てが映っていますが、誰もが違う鏡を見ています。相手の鏡に映るあなたは、あなたではないのです。

◎他者の評価から解放されるには

人からどう思われるかが気になる、怖い、という人がよくいます。けれど相手があなただと思っているものも、**その人が作り出した、あなたというイメージ**です。

つまり誰かについての評価は、結局はその人自身の内側にある何かについての言葉です。この点を理解すれば、相手が見ているあなたと、本当のあなたは「別物」だとわかるはずです。あなたについて良くないことを言っているという幻想からも抜け出せるでしょう。

誰かの悪口を言いたくなった時も同じです。相手に見えているものはあなたの影です。そう思えば攻撃することがバカバカしくなります。

これが、ある意味においてワンネス、つまり「一つであること」です。

ワンネスという言葉が、いろんな意味で使われます。宗教や思想で様々な意味合いもあるでしょう。

自分以外の人も全て自分である、という視点に立った時、私たちはワンネスの中にいる、のだと思っています。

《ワーク》

人生の中で「赦せない人」を一人思い浮かべてください。

①その人の中の「どんなところが赦せないか」を探ってください。

（例）不誠実なところが赦せない。

②その、「赦せない要素」が自分の中にもあることを見つけてください。①で思い浮かべた人と似たことを、違うシチュエーションでやってしまったことや、①の人と同じ傾向がありながら、自分自身に禁じている場合もあります。

③「赦せない要素」を持たざるを得なくなった理由を探してください。

（例）自分の希望を優先すると、他の人の期待に応えられなくなり、結果として不誠実な態度になってしまう。

④改めて、その「赦せない要素」が自分の中にあることを認める、それがあっていいことを自分自身に赦してください。

⑤深呼吸をしながら、イメージで、その感覚を自分の体の中にしまい直してください。

その五　愛は、英語の「I」であると知る

◎自分自身から宇宙まで、受け入れる器はどこまでも広がる

言霊とはよく言ったもので、愛とは英語の「I」です。「I」とは私です。私の中に、どれだけのものが含まれているかということが、その人の愛の大きさです。つまり愛というのは、対象を自分自身のように大切にできる、というあり方です。自然に「自分ごと」として考え、行動できるようになるのは、その人の愛が大きく成長したからです。

例えば、ある人は、「I」の中に、「自分さえよければいい」という自己中心的な欲求しか入っていないかもしれません。ある人は、「I」の中に、私と身近な好きな人が入っている。ある人は、私と地域の人と地域の自然が入っている、ある人は、地球上の人と自然、ある人は、宇宙……つまりどこまでの人や対象を、私と同じくらい大切にできているか、ということが愛の大きさであり人間的な器の大きさともいえるのです。

そして、実は「I」が大きければ大きいほど、存在力は大きく光り輝き、人や世界が

その人を応援しはじめます。

◎やりたいことをやり切れば、次のステージがやってくる

「私はお金持ちになって外車を買いたい」という人と、「私は大勢の人々に愛と気づきを与えたい」「私は人と自然が調和する世界を作りたい」という人、どちらが多くの人の心に強く響くでしょう?

ただし、その人の実感としての喜びが伴っていない状態……つまり、本当はまだまだ未熟な「I」の中に無理やり他人や世界を入れても、パワーは出ません。「I」は人生で起こることを一つひとつ超えて向き合っていくことで、大きく育つのです。

だから、今の自分にとっての「I」、つまり等身大のあなたで大切に思うものを大切にすること。そこに正直に、それを十分に生きることとです。今、あなたが純粋に、他人のことよりも、とにかく自分がお金持ちになりたい、自分に豊かさを体験させてあげたい! というのであれば、精一杯やってみる。それに向かって邁進してみる。すると、何かにぶつかったり、次は物足りなくなったりします。

この瞬間が次の段階の合図。人のためにも何かをしたい、人と喜びを分かち合いたい

と思うようになるものです。今の愛の大きさを持って、しっかり生きると、ちゃんとバージョンアップするのです。

そして、その「I」、つまり愛こそが、人生を前に進ませる基準、よりどころになる自分軸なのです。自分軸で生きるとは、大切と感じるものを本当に大切にして生きる生き方なのです。

【問い】

「今のあなたにとって、大切にしたいことは何ですか？」

◆三の悟り　直感は望む未来へ最短の道しるべ

その一　偶然の一致は「こっちだよ」のサイン

◎気づきのサインとは？

生きている限り、私たちは進化成長し続けています。成長のきっかけは、気づきを通してやってきます。起きていることや、目の前にあることは何一つ変わらなかったとしても、今自分がいる人生のステージによって、気づくことはそれぞれです。

例えば同じ映画のシーンを小学生と大人が見た時に、感じることが違いますよね。それと同じです。気づくものが、その人にとって、必ず次に向かうべき一歩につながるのです。

そうした気づきは日常、様々な形でおとずれますが、特に大切なものは、シンクロニシティ、つまり偶然の一致というサインです。「次はこっちだよ」という目印を「太字で」示しているものなのです。

例えば「同じキーワードを、別々の人から同じ日の内に聞かされる」とか、「知りたいなと思っていた答えが、偶然手に取った本に書かれていた」等、ほかにもいろんな形のものがあります。実はいつも起きているけれど、状態によって気づくか気づかないかという違いがあるのです。

◎鎌倉移住へのサイン

私自身は、２０２０年の10月に鎌倉に引っ越してきたのですが、その経緯にはこうしたサインの導きが大いにありました。たまたま鎌倉の友人とごはんを食べる約束をしていた二日前に、なんとなく鎌倉の物件をチェックしていると「あれ？　なんだかこの物件いいな……いや待てよ、すごくいいな」と思うものがパッと最初に表示されたのでした。

住所は当時私が借りていたマンションと、番地の数字が一緒です。築年数も新しくきれいで、広さも家賃も、私にちょうどいい感じです。以前から海の近くに住みたいなと夢のように思っていましたが、駅からも海からも無理なく歩ける距離でロケーションもばっちりです。私は以前フランスに住んでいたことがありますが、建物の名前にフランス語で、新しい人生のステージを表すような言葉が使われていました。

この時点で「あ、これは進めのサインだ！」と感じて、問い合わせの電話をしたら、その日案内が出たばかりの物件で、まだ申し込みが入っていない（鎌倉はリモートワーク化による地方への移住ブームの中非常に人気で、良い物件はすぐに申し込みが殺到します）と言うのです。

物件の中は、まだひと月先まで現住人の方が住んでいて見られないということでしたが、中も見ずに、電話で申し込みを決めました。他人から見たら一見向こう見ずな行動かもしれません。でも私の中では、それまでの過去、偶然の一致のサインに従ってみた体験をもとに、その選択が正しいという確信があったのです。

その結果、借りることが決まりました。思いついてからたったの2か月で、「一切他の物件も見ずに決める」というギャンブルのような契約で、海の近くの、理想的な環境に引っ越すことができたのでした。この移転で、毎日の生活環境は格段にレベルアップしました。サインに従ったら、何の計画も無しに叶ったのです。今この文章は、海の近くで書いています。

◎サインを受け取る体験を積む

私がこれまでに手掛けてきた大きめのイベントの仕事は、ほぼサインの導きに従ったものです。300名規模の講演会もサインを頼りに始めると、必ずうまくいくのです。イベントは全て黒字。参加してくださった方々にも喜んでいただけて、感謝の言葉をたくさんいただきました。

偶然の一致のサインは、実際に従ってみる体験が何より大事です。気づいた小さなサイン通りに動いてどうなったのか？　その体験をいくつも積み重ねると、だんだんサインの受け取り方が上達します。センサーのようなものが発達するのです。

「本当にうまくいった」という成功体験は、サインを送ってくれている宇宙への信頼感につながってゆきます。

その二　心が「イエス！」と感じることに従う

◎基準は「あなた」にとって響くこと

体験している現実は、内なる脚本家によって作られている、と書いた通り、本人は確実なものに感じますが、実はかなりあやふやです。なぜなら記憶は体験してしまえばすでにオリジナルではなく、脚色、編集されているためです。

けれど言い変えれば、内なる脚本家の編集が、人生に対する意図があって見ている視点なのです。身体の持ち主が「今よりも一歩、進化成長できる体験に導く」、そんな目的が隠されています。

そして、必要な情報に出会ったときにわかるよう、サインや、ワクワク特別な感覚がするなど、本人にわかるよう、内なる響きで伝えているのです。

ニュースや流行など、正しい答えを自分の外に探し、頭で考えて常識に当てはめようとすれば、内なる響きに気づけなくなります。

この本にしても、何が正しいか間違っているかではなく、今のあなたにとって、**前に進むために必要な情報**だと理解してください。選んで活用していくべき情報です。響くものは、成長のステージや状況によって変わりますし、人によってもまちまちです。

それでいいのです。昨日響いたものが今日は響かなくてもいいということです。生きている限り私たちは変化しているのが常なのです。

さらに、情報はこれまで以上に、テレビ、ネット、SNSなどからあふれてくる時代です。もはや正しさを、判断しづらい状況になりつつあります。

だからこそ、自分にとって腑に落ちる感覚を信頼することが大事です。心が「イエス！」と感じることを実行すれば、進むべき道へ導かれてゆくのです。

その三　起きたことを思考で否定しない

◎一旦、「全て正しい」と決めてしまいましょう

コーチとして数多くの方と向き合ってきた経験から確実に言えるのは、起きることに間違いはない、ということです。

どれだけ逆らっても、最終的には受け入れて前に進むしかありません。どんなケースでも、必ずそこに行きつきます。物事を「必要だから起こった」と、ただ中立的な一つ

の出来事としてとらえ、その先どんなきっかけやチャンスになり得るのか、見つけてゆくのです。

例えば、突然の解雇や減給、パワハラなど、辛い出来事が起きたという時に、まずは「あなたの人生の流れの中で、それがどういう意味を持つのか？」、「この出来事を通して、人生は自分をどこへ向かわせたがっているのだろう？」という広い視野から一旦俯瞰してみるのです。

すると、新しいフィールドを開くタイミング、繰り返し起こるテーマに向き合う時だと気づくでしょう。

◎成果とリスクのバランスは同じ

大きな出来事を成せる人は、それと同じだけ大きな失敗やリスクが起こったとしても耐えられるだけの強さを、同時に持っています。大きな財産を成せる人は、大きな借金も抱えることができる力を同時に持つのです。

よく、成功者やお金持ちをうらやむ人がいますが、大きなプラスを持つものは、同時に同じだけ大きなマイナスを超えられるだけの力を持っているのです。そして、まだプラスを成し得ていないけれど大きな失敗が起こったら、それを超える時に得た力を携えることで、やっと次の大きな成功をつかむことができます。いま大失恋している人は、この後に深い愛を体験できるパートナーが必ずやってきます。高くジャンプする前には、深くかがみこむ必要があるように。

【問い】
「人生で起こる出来事は、これまでもこれからも全て正しいとしたら、あなたの生き方はどう変わりますか？」

その四　これからの時代のつながりは「響きあい」

◎目の前の人とその瞬間につながっていく

これまでの時代は「仲良くなること」「関係性をつくり育てること」が、特定の人とつながりを生み、大切とされてきました。ところが「風の時代」※と呼ばれる、変化の速い社会に入った頃から変わってきたようです。

今の時代に求められるつながりは、目の前に現れた人、今この瞬間かかわっている人と、いかに意識を「シンクロ」、つまり**同調させていく**かということにシフトし始めています。新しい音声型ＳＮＳの「Clubhouse（クラブハウス）」の流行や、音声メディアによるライブ配信がさかんに使われ始めているのも、そんな流れを背景にしたものなんですね。

意識のシンクロというと難しく聞こえるかもしれませんが、ラジオをチューニングするかのように、相手の言葉にしっかりと耳を傾けること、同時に自分が何を感じて、何を言いたいのかにも意識を向けることです。

そのようなコミュニケーションは、「響きあい」という感覚です。比べて、従来の会話は、情報交換という意味合いが強いといえます。「響きあい」の中であれば、インスピレーションが湧いたり、新しいアイデアが生まれたりします。

大切なのはその「響きあい」が、心地良いと感じるかどうか、その感覚を頼りにして、つながりを見つけていきましょう。もしも今までの古い関係性がしっくりこなくなってきたと感じるのなら、その修復にエネルギーを注ぐよりも、響きあえる人とつながる方法に意識を向けてみるのです。

人生が１００年というライフスパンになり、時代の変化は目まぐるしく早くなっていきます。人間関係も、固定的ではなく流動的になってゆくのでしょう。より響く人とその時その場でつながり合う、そんな軽やかで直感的なコミュニケーションへ変わっていくのだと感じます。

そこから得られたひらめきやアイデアは、あなたの人生を前に進めていくための手掛かりになります。

※風の時代とは

２０２０年の12月に、土星と木星が重なったタイミングで、占星術では約２００年間続く「風の時代」という新しい時代が始まったとされます。それまでは「地の時代」と呼ばれ、物質的なものやお金に価値が置かれる時代でした。風の時代には、目に見えない精神性や知性、コミュニケーションに価値が置かれるとされています。

《ワーク》

今日一日、かかわる人とのコミュニケーションを「響きあい」として意識してみましょう。例えば、ラジオのチューニングをするように、相手の言わんとしていることに意識を向け、音楽を聴くように聴いてみるのです。

心地良いでしょうか？　それとも違和感がありますか？　言葉だけではなく、「気持ち」に聴き耳を立てるような感覚です。実践して感じたことを書き留めてください。

◆四の悟り　結果ではなく、未来の原因を創り続ける

その一　見える世界は、見えない世界に従っている

◎見えないものから先に変えていく

「霊主体従《れいしゅたいじゅう》」という言葉を聞いたことがありますか？

私はこの言葉を、スピリチュアリズムを学ばせていただいた霊能者の先生から教えてもらいました。「霊」は目に見えない心や魂です。目に見える「身体」は物理的な結果です。

見えない世界の方が先にあって、見える世界は後から従っている。まるで主人と従者のように。目に見えない世界にあるものは、目に見える世界よりも力を持っているとされています。物質的なものは常に、見えないものに従っている、という原則です。

見える現実を変えたいのなら、まずは先立つ見えない心や意志、イメージを変える必要があるのです。

今この法則に多くの人たちが気づき、社会でも活用されつつあります。

これまでは、「現実として見えている結果をどう変えようか？」「結果を問題ととらえて、どう解決していこうか？」という発想でした。

これは鏡に映った像に、色を塗って変えたり、何かを書き加えて変化させたりするやり方です。鏡に映った自分の姿にお化粧をするようなものですね。表現すると滑稽ですが、これが結果にフォーカスする、結果に右往左往する生き方です。これまでの社会はこんなあり方です。けれど本体から変えないと本質的には何も変わりません。

霊主体従、「見えるものは見えないものに従う」法則は、鏡に映る本体を変える、という発想で、より本質的です。結果を変えるのではなく、**「望む未来の原因」を今この瞬間に作る**のです。現実にとらわれず、今見えている現実は全て、過去の結果だと理解しましょう。

◎幸せを感じることが先

あなたが幸せになりたければ、まずは心の中が幸せになること。そのために今すぐできる具体的な方法があります。

想像してください。

あなたは初めて地球に降り立った宇宙人（天使でも天女でもかまいません）です。目に映る一つひとつは、全て初めて見るものばかり。カラフルな花や、青空、夕焼け、子供の笑顔、素敵だなと感じるものを見つけて感情に集中してください。「いいなぁ」「美しいなぁ」と感じることが、幸せという感覚です。

繰り返すうちに心は、幸せに満たされていきます。その状態で思いつくアイデアや気づきは、何も感じていない時と比べ、質の高いものです。こうして浮かんだアイデアを表現すれば現実は確実に、望ましいものに変わってゆきます。

心が幸せな人は、幸せな現実が自然な結果として生み出されてきます。幸せな現実がやってきたから、幸せになるのではありません。逆なのです。

【問い】

「心が現実を作るなら、今何に意識を向けますか？」

その二　現実を創るのは夢ではなくビジョン

◎イメージを精密画レベルへ

夢とビジョンの違いを知っていますか？

それは、描くものの画素数の違いです。夢の方が画素数は粗く、ビジョンの方が細かい。つまり夢がぼんやりした抽象画なら、ビジョンの方が、はっきり細かく描かれる精密画で、より現実化しやすいのです。

京セラの創業者、稲盛和夫さんの言葉が明快に表しています。

「同じ夢を見続けていると、細かいところまでわかるようになり、ついにはカラーで見えるようになります。それがビジョンです。そういう心理状態になった時、私はビジョンが実現することが分かるのです」


以前、スプーン曲げの達人、清田益章さんにお会いしたことがあります。清田さんは80年代ごろにスプーン曲げの実演でテレビに出演されていた方です。実際に曲げるところを見せていただきわかったことは、「曲がる」のではなく、スプーンの柄がちぎれるんですね。金属でできたスプーンの丸くなった先が、ちぎれて落ちるんです。

どうやってそれを起こしているのか、清田さんに伺ったところ、「スプーンがどのようにちぎれるか、ちぎれた先が床に落ちた時の音、それを見て驚く人たちの表情など、ありありと想像する」のだそうです。**リアルに作り上げたイメージに現実が従う**わけですね。


清田さんの力は特殊能力ですが、霊主体従の法則を表しています。

実は私たちは、意図しないうちに、無数のイメージを常に創り続けています。一日に何万というイメージを頭に描いているのだそうです。現実は、この頭に描いたイメージがもとになっているのです。

◎過去を繰り返すループから抜け出す方法

そして意図せず創るイメージの元は、過去の体験です。過去に起こったことが未来にまた起こる、という前提でイメージを創り続けています。意図せず、無意識なのでとても自動的です。

このループから抜け出すためには、**意識的にどんな未来を体験したいのかを描き、ビジョンを創る必要があります。**稲盛さんや清田さんのように、イメージをできるだけ詳細に、カラーにしたり立体化したりしましょう。あるいは体験している時の感情や感覚もリアルに想像することで、より現実化しやすくなるのです。

《ワーク》

◎本当に実現したい夢をビジョンにしてみましょう。

その時どこにいますか？

誰と一緒で何をしていますか？　季節はいつですか？

どんな気持ちですか？　その時、世界はどのように見えていますか？
他の人はあなたをどんな目で見ていますか？　どんな声をかけてもらっていますか？
その時の自分を外から見てください。どんな表情や姿をしていますか？
様々な視点からリアルなイメージを作ってみてくださいね。

その三　あなたの可能性は、世界で誰も知らない

◎あなたが可能性を最大限に発揮して生きたら、どうなる？

あなたは何者で、何が可能か、それを知る人は、実はあなた自身も親も含めて世界中に一人として存在しません。この真実に気づく必要があります。例えるなら、今のあなたは、まだ咲いたことのない花の種です。

つい無意識に、誰かがその答えを知っていると考えがちですが、本当のところは誰も知らないのです。

私自身、占いやリーディングが好きで、これまでにたくさん助言をもらいに行きまし

たが、振り返ると、私の未来をちゃんと予言してくれた人は一人もいませんでした。

例えば、コーチングを始めた頃、リーディングを仕事にしている方から「あなたはコーチには向かない」とはっきり言われました。当時はショックでしたが、結局は10年もコーチを仕事にして歩んできました。占いもアドバイスも、本当は可能性そのものではありません。

「その可能性を聞いて、あなたは何をしますか？　どうしたいですか？」

という、一つの「問い」でしかないのです。私の答えは、「それでもやる。可能性が無いなら、本当に無いことがわかるところまでやりきる」でした。

あなたが最大限生きた姿を、これまでの誰も見たことが無いし、想像もつかないということです。歴史上に全く同じ可能性を持った人も、一人だって存在しませんでした。だから、自分自身でそれを生きて、確かめてみないことには、絶対にわかり得ないのです。

◎セルフイメージという呪いを解く

多くの人たちとセッションをして思うのは、人が自らに抱いているセルフイメージは、本当のその人の実態よりも、かなり「貧弱」だということです。自分のことを低く、小さく見積もりがちなんですね。簡単に言えば、ほぼあてにならない。

けれどたいていの人は、セルフイメージ通りになっていきます。そこまでの力や可能性しか試さないし、発揮できなくなるのです。

これは呪いです。それも**自分で自分にかけている**ので、かなり強烈な呪いと言えます。これを解くためには、試すことです。その先に初めて本当の可能性が見えてくるのですから。

とは言え、いきなりこれまで信じてきたセルフイメージを変えるのは難しいかもしれません。

だからまず、**「あなたの可能性を知っている人は、この世に存在しない」という前提に立つことです。**そこに立つと、無限の可能性が開けます。可能性を知らないということは、限界を知る人もいないということです。あなた自身も絶対にわかっていません。可能性も限界も、それは生きながら発見することだと知っていてください。

本当は才能も可能性もありながら、それを生かせずに終わるのはもったいないですよね。

《ワーク》

①あなたの可能性の大きさが、今あなたが想像できる範囲をはるかに超えていることをイメージしてみてください。

②やりたいこと、なりたいもの、想像できるものは、一つ残らず全て、自分にできる可能性の中に入っていると想像してください。

③胸が暖かくなったり、ワクワクしたりする感覚が湧いてきたら、それを味わってください。

④③の状態で思いつくことを、できるだけ書き出して、すぐにやれることからやってみましょう。

その四　今この瞬間こそが未来の原因

◎成果よりも幸福度の追求へ

これまでは、結果に右往左往して、問題を解決してはまた新たな問題を作り出してゆくようなあり方が、主流でした。なぜなら私たちの意識が、目に見える世界にしか向かなかったからです。目の前に現れる結果にこだわっていたわけです。

「結果から原因へ」。この意識の転換が、じわじわと社会に起こりつつあります。今や会社や組織においても、働く社員やスタッフの心の幸福度が、結果に影響するという考え方が受け入れられ始めています。

具体的な成果以上に、「社員たちが仕事を通して幸せや充実感を感じているか？」ということが注目されています。お互いが信頼しあえているか、良いコミュニケーションがとれているか。働く人の心が幸せで満たされた会社ほどうまくいく、とわかってきたからです。

人材育成も、能力開発で「何ができるか？」ではなく、「どうあるか？」というビーイングと呼ばれるものが重要視され始めています。リーダーシップやコーチングなど、心に光を当てるものが主流なのです。見える結果を出すためには、その主体である見えない世界を変える、という原則の通りです。

◎望む未来を生み出す原因の作り方とは

また、個人の心を扱うパーソナルコーチングも、ここ数年、ますます人気が高まっています。

どんな結果を出すためにどんな行動をしているかではなく、なぜそれをやりたいのか？　それが本人にとってどんな喜びなのか？　心から望む結果を出すためには、どんなあり方でいる必要があるのか？　そうしたことを、コーチングの対話を通して語りながら、情熱や思いの源泉に触れると、心の底からエネルギーが湧き上がってきます。

心がエネルギーに満ちれば、思いも行動も結果も、自然と良いものになっていきます。変えるのは結果ではなく、原因です。

そもそも目の前に現れた結果は、過去にあなたが願ったことを映し出す鏡でしかありません。気に入らないのなら、今この瞬間から望む未来の原因を作ること。つまり、**本当の願いを思い描くこと**です。

鏡に映った自分の姿が太ったなと感じたら、鏡に映った像を細くするのではなく、ダイエットしますよね？　それと同じです。

結果にとらわれるのではなく、「原因を生きる」とはそういうことです。

【問い】
「あなたは今、未来にどんな原因を作っていますか？」

◆五の悟り　望む姿を体現する

その一　幸せを分かち合いたければ、幸せであること

◎人と分かち合いたいことを、自ら体現する

どんな情報や知識を持っているか、何を言っているか、何を願っているか以上にパワフルなものは、「あなたがそのものを生きていること」。つまり、「体現していること」です。

体現とは、「そのものになっている」、というあり方です。

例えば、幸せとは何かを知識や情報として知っている、ということではなく、自分自

身が幸せな生き方をしている、幸せな人として生きている、という意味です。

誰かに豊かさを分ちたいなら、自分が豊かである必要があります。何も持っていない人に、誰かと豊かさを分け合うことはできません。豊かでない人が豊かになる方法をいくら語っても伝わりませんが、有無を言わせないほど豊かな人であれば、「こんな風になりたいなぁ」と、人々を刺激し、その言葉に揺るぎない影響力と説得力を持つのです。

かつてマハトマ・ガンジーが、「世界に願う変化に、あなたがなりなさい」という言葉を残しています。まずは自分が「変化そのものになる」必要があるのです。何かを学んで頭に詰め込むことではなく、願いに向かって生きることです。

ある人が本物かそうでないかは、体現するものに全て現れます。その人の存在力を見てください。ありようを見てください。言葉は嘘をつきますが、体現された姿は嘘をつきません。

【問い】

「あなたは**何の体現者**になりたいですか？」

その二　人は「神がかる」と存在力が全開になる

◎人を惹きつける魅力の源とは

神がかりとしか言いようのない美しさ、存在力を持つ人がいます。例えばスケートの羽生《はにゅう》結弦《ゆずる》選手。彼が氷上で見せるパフォーマンスには、国境や人種を超えて人を感動させる神々しさと美があります。ステージに立つ時の、歴代のスターもそうですね。また、最近人気急上昇のアーティスト、藤井《ふじい》風《かぜ》さんも、今時の若者らしい普段のしゃべりから、歌い始めると一転、心を持っていかれるような魅力をパワフルに放ちます。

私の友人で、瞑想舞という舞を、各地の神社で奉納として舞っている香織さんという方がいます。彼女の瞑想舞も、羽生さんや藤井さんのような神々しい美しさを感じさせます。神がかった、心から浄化されるような美しさです。その美しさは、観る人の心の琴線をゆらし、深い感動を呼びます。

人は、内側にある最も純粋なエネルギーと、行動、言葉までが、全て一糸乱れず一致していくとき、神々しさとも言えるような光を放ちます。

神がかったパワーが存在力として発揮されるのは、「無」になってパフォーマンスをしている時なのではと感じます。「内なる神」ともいうべき内側の最も神聖なる祈りが、身体を通してまっすぐに表現されている状態ともいえます。

こんな状態で、もし毎日いられるなら、何をしても何をしなくても、「ただそこにいるだけで」人に感動を与える存在力を持つのだと思います。

以前、コーチ仲間から聞いた話です。熟練したコーチと海外であった時、その人の前で、無言で話を聞いてもらっただけなのに、深い気づきが起こり、ただただ涙があふれたそうです。これって最強ですよね。

「神がかるとは、神のようになることだ」という言葉を、コーチであり、オックスフォード大学の博士でもある知人に聞いて、とても心に残ったのですが、今は本当にそう思います。純粋なる祈りに心も身体も添わせて生きることが、神がかることなのです。

純粋なエネルギーを内側に持つためには、心をキレイにしておく必要があります。**「無になる、夢中になる」**という表現が近いかもしれません。

何かに没頭する姿は誰しも、心が無になり神がかっています。魂、心、身体、全てが一直線のように一致している時です。そうして初めて、静かに澄み渡った水面に映る月のように、「最高バージョンの自分」をまっすぐに体現することができるのだと思います。

私は、この「神がかった」姿を日常的に表すのが、人類の未来の姿ではないかと思うのです。言葉にすると、ちょっと壮大なのですが……。

普段からこの瞬間を増やすには、ワクワクすることをたくさん実行しましょう。何かにひたすら没頭し、時間を忘れて夢中になっている時、おそらくあなたは、純粋なエネルギーを発しているはずです。そんな瞬間を、自分自身に与えていくことが、最高にパワーある存在感を持つ人の入口なのです。

【問い】

「あなたは、どんな時に時間を忘れて没頭していますか？」

第4章

見えない身体の健康習慣

「ネガティブ感情」排出編

①幸福度が増しても、無くならない

人は誰しも、ネガティブな感情、感覚を抱きます。もちろん、その大きさや質感、頻度は人によって異なると思いますが、全くネガティブな感情を抱かないという方は、生きている限り、ほぼいないでしょう。

私は過去に、ファインダーズ・コースというアメリカ発のプログラムに参加しました。ファインダーズとは、英語で「見つけた人」。人々が古来、宗教や修行など、様々な道を通して目指す「悟り」の状態への入り方を見つけた者、という意味です。4か月でこの悟りの領域まで意識レベルを上げてゆく、という内容でした。

そこでは悟りの段階が上がるほど、ネガティブ感情が減少し、徐々に思考が浮かばなくなり、幸福感が増すと言われています。4か月の道のりでは、毎日瞑

想をします。私自身瞑想を積み重ねると、ネガティブな感情は、だんだん減っていきました。

ある時、コースに従い瞑想をしていると、得も言われぬ幸福感、至福感にどっぷり満たされたことがありました。思考は静まり、頭の中はとてもクリア。まるで時間が止まったかのような不思議な感覚です。光に包まれた感じと、身体がポカポカ温まり、体温の上昇も感じました。どれくらいの時間だったのか……。ほとんど呼吸も止まったような状態です。

その時に感じたのは、**ただ肉体を持って存在しているだけで、深い幸せを感じられる**、ということでした。これはきっと間違いなく真理なのです。この感覚に入ることができれば、後の人生に何が起きても起きなくても、たとえ大失敗をしたとしても、幸せでいられるのだと思いました。

かぎりない自由と幸福感に満たされた、あの感覚は忘れられません。今でも瞑想が深まるとこの状態まで入ることができます。

その後、知り合いからは、雰囲気が優しくなったとか、ＳＮＳの発信のトーンが軽やかになったと言われるようになりました。元々、割とポジティブ思考ではありましたが、効果的な瞑想を重ねると、意識状態がとてもクリアで精妙になります。すると感情を産み出す元である様々な思考が、だんだんと静かになるのです。同時に、直感的に感じることが頻繁に訪れ、その場で何が最適で、何をすべきか、迷わずわかるようになりました。

ただ、こうしたプロセスを経ても、やはり日常の中で起こるネガティブ感情は完全に無くなってしまうわけではありません。時には前ぶれもなくやってきます。

最初は、ネガティブ感情が浮かんでくることは、まだまだ、いらない思い込みや執着をため込んでいるのかもしれないと不思議に思い、日々この感覚を観察していました。

②わけもなく浮かんでくることが多い

その内に分かってきたのは、思考よりも先に、「何の理由もなくネガティブ感情が湧いてくることが多々ある」ということです。

身体が栄養を取っては消化し排泄する自然なサイクルと同じように、見えない身体も、日々の精神活動のサイクルの中で、いらない感情を排泄している。そう考えると自然です。つまり前ぶれもなくネガティブな感情が出てくるのは「スピリチュアルボディの排泄」であるなら、直接きっかけとなる原因が無くて当たり前なのです。

実際に私たちの脳は、昼間の体験や記憶を、睡眠中や休息時間に定着、消化など調整処理をしています。まるで身体が食物を選別、消化するように行っているのです。だから朝起きた時に何かが腑に落ちていたり、夢の中で理解が深まっていたり、思い込みや執着が外れていたりすることがよくあります。

逆に消化した結果、もやもやとした重たい感覚が、時折やってくることもあります。私の経験では起きがけや午前中が多いです。一日の中でも朝は機嫌が悪い方だ、という方も少なくないでしょう。この状態も、**ネガティブなものがエネルギーとして排出されるプロセスではないか**と思います。

こうして身体が必要のないものを排泄して、大地にお返しするのと同じように、見えない身体も、必要のないものをネガティブ感情や感覚という形で排泄しているのだと見れば、適切な対処法が見つかってきます。

③アタマで理由を見つけない

私たちがよくやりがちなのは、ネガティブ感情に理由を見つけ、思考で理解し、この状態から抜けようとすることです。一旦、アタマで納得して安心したいのです。でも、かなり上手にやらない限り、思考で見つけた理由を、逆に根深くすることがほとんどです。

例えば「怒り」とは、不快なものをエネルギーで外に押し出す感情です。だから怒りの前には必ず何かしらの感情が、もう一つ深いところにあります。悲しみや失望、あるいは何の感情かもよくわからない、居心地が悪いネガティブ感情です。

そこに頭で「昨日、あの人からあんなことを言われたから」「今後のことが心配だから」など理由を見つけようとするのです。でも、実はネガティブな感情というフィルターを通し、連想される記憶を呼び起こしているだけです。

逆を言えば、全く同じ状況で、抱いたのがポジティブな感情であれば、呼び起こすのは喜びの記憶になります。

感情はまるでグーグル検索の検索ワードみたいなものなのです。その感情にタグ付けられた記憶や思考が、潜在意識からたくさん浮かんでくるわけです。

一旦機嫌が悪くなると、過去何年もの記憶から「そう言えばあの人にあんなにひどいことをされた」「あの時はこんな失敗したし……」など、芋づる式に蘇り、機嫌の悪さが増幅する、なんて体験はありませんか？

感情を「架け橋」に、様々な記憶や思考が蘇ることもあるのです。ネガティブな感情に理由を見つけた結果、ネガティブな出来事を創り出してしまいます。

④トイレに行くかのように「排泄」すればいい

だから、ネガティブな感情や感覚がやってきた時は、ただ流しましょう。思考を使わず、記憶の検索もせず、トイレに行くかのように、「排泄」したらよいのです。流れるままに任せればいい。するとすっきり波長が上がり、スピリチュアルボディが整って健康になります。

こうした視点から理にかなったメソッドを伝えている方々もいます。

例えば、ハワイの伝統的な浄化方法、ホ・オポノポノ。これは、「ありがとう、ごめんなさい、赦してください、愛しています」という4つのフレーズを内側に語り掛けることによって浄化していく方法です。言葉の響きだけでも、唱えるとネガティブな感情がふっと軽くなります。

スピリチュアルカウンセラーの並木良和さんが伝えている統合のワークも、効果があると私は思っています。ネガティブな感情や感覚を、その理由を考えることなく、ただ形や重さのあるイメージに変えて、自分の中から外し、宇宙に返す。光になって戻ってきたものを統合してゆくというシンプルなメソッドです。

日々、こまめに繰り返していくことで、日常的な心のコンディションが向上します。「ベースとしていつも機嫌が良い」状態になってゆくのです。まさに、排泄してキレイに流すようなやり方ですね。「闇出し」と呼んでそれをやっている方もいらっしゃるようです。

「スピリチュアルボディの排泄」と思えば、ネガティブ感情や感覚が出ることは全く悪いことでも未熟なことでもなく、生きている限り当たり前なことです。スピリチュアルボディが主に取り入れていく栄養（これは後で詳しく書きます）が変われば、出るものの質も変わります。それでも、ネガティブなものが出てこなくなることはありません。

⑤日々、感じてしまうのは当たり前のこと

ネガティブな感情を、ダメだとか恥ずかしいとか思う人はいますが、現実のトイレでの排泄を恥ずかしいと思いませんし、出なければ逆に不安になりますよね？　出てしまったことを後悔もせず、出したものに未練もなくキレイに流して忘れますよね？　それを握りしめるとか、ずっと持ち続けるとか、どこかにしまうとか……しませんよね（笑）。

ネガティブ感情も同じです。どれほど精神的に成長しても、多かれ少なかれ現れます。悪いことでも未熟なことでもなく、自然なことなのです。ただ、流せばよいのです。

物理的な肉体は、物理的な食物から栄養をとって、それをまた地球に返してゆくという物理的な循環の中に、生かされています。スピリチュアルボディは目に見えない世界から栄養を得て、自らの光やパワーに変え、必要のないものをまた見えない世界に返し循環させているのです。

⑥スピリチュアルボディの《トイレットマナー》

そうは言っても、不意に感じるネガティブ感情をどうやって流すのでしょう？

もしネガティブな感覚を感じたら、

まずはその感覚に静かに意識を向けてあげてください。

胸、おなかやみぞおちになど、感じるところへ静かに意識を向けます。優しく手を当ててあげても良いでしょう。

意識を集中して、何も考えず、その感覚を感じきってください。

軽いものでしたら、10秒もしないうちにすっきりするのがわかります。最後に深呼吸をしてください。ネガティブなエネルギーがきれいに外へ流れ出てゆきます。光を吸って光を吐く、そんなイメージの呼吸をしても良いと思います。とてもシンプルですし、まさにトイレで排泄して水で流すのと同じです。

ネガティブな感情は、もしかしたら場所やタイミングを選ばずに《催されて》くるかもしれません。例えば、人と話をしている時にやってくることもあります。その時も我慢せずに、感じきってしまいましょう。慣れてしまえば、何かをしながらも、できるようになります。

もしすっきりしなかったら、2、3回繰り返しましょう。「軽くなったなぁ〜」と言える感覚に、しばしとどまることを意識してください。

⑦排泄物をまき散らさない！

コンディションが優れなくて、同じような感覚が何度も現れてしまう、という時期もあります。例えば天災や大きな事件がニュースを騒がせて、大勢の人たちが一斉に感情を揺さぶられた時や、新月や満月といった、月の引力が心身に影響を与えている時（女性は月経周期など、ホルモンの変化が月と同調しているので、体感として感じる方も多いと思います）。そんな時は感じるたび、こまめに呼吸とともに外に出すと良いでしょう。

　くれぐれもネガティブな感情のまま、ぐるぐると思考を働かせた行動や発言は、禁物。現実にネガティブな結果を生み出し、拡大させないよう気を付けてくださいね。なぜなら、ネガティブ排泄に無自覚でいると、自分の感情に乗っ取られてしまうこともあります。ネガティブな状態を人のせいにして他者にぶつけたり、誰かに悪口を言ったり、公の場で誹謗中傷したり……。しかしこうした行為は、自分以外にもネガティブな影響を与えてしまう恐れがあります。

　想像してください。もしもネガティブな感情が実際の排泄物だったら、絶対に人のせいにしませんよね？　けれどネット上に匿名で発言できるような場所や、言われている本人が不在の集まりで、これらはよく見かける光景です。これはまさに、排泄物を他人に向かって投げているのと同じ行為なわけです。

ネガティブ感情を理解し、それは恥ずかしいことだと自覚し、こうした状況が少しでも無くなればいいのに、と思っています。

⑧他者はきっかけにすぎない

自分の中から湧いてくるネガティブ感情は、それが何であれ自分の感情です。決して誰かのものではありません。他者の言動に刺激されて現れたり、誰かの感情につられて飛び出たりすることもありますが、**あくまでも自分の反応から生まれるもの**です。他者は感情が生まれるきっかけにすぎません。自分一人では出せなかったものを浮き上がらせてくれる「下剤」だと思ってください。

他者の役割も理解できると、ネガティブの排出も進めやすくなります。すっきりすると、気分が良くなり、気分が良くなると、人に対して優しくなれます。人に優しくなれるのは、心に余裕が生まれるからです。人はこの状態になって初めて、本来どうしたいのか、どうありたいのか、自分の望む行動ができるようになるのです。すると、自ずとポジティブな結果が生み出されてくるのです。

⑨根深い感情は人の助けを借りてみる

とは言っても、とても深いところにある、前世から持ち越してきたようなネガティブ感情や、戦争や災害などで、人々が共通して負ってしまった痛みや悲しみを感じ取っている場合もあります。そういう根深いものが人生のあるタイミングで浮上してくる、というケースもよくあります。

何をやっても消えない、あるいは繰り返し抱いてしまう不安や恐れ、「自分の手に負えないな」と感じる悲しみや怒りの感情が出てきた場合は、プロのセラピストやカウンセラーなど、専門家にお願いして、ゆっくり紐解いていくと良いでしょう。

私はコーチングのかたわら、ヒプノセラピスト（催眠療法士）として、前世や幼少期に抱えてしまったトラウマ、ネガティブ感情を呼び起こしてしまう記憶を扱うセラピーをしています。クライアントさんを催眠誘導し、日常の中で、理由もなく何度も現れるネガティブ感情の原因になっている記憶を探り、癒したり書き換えたりしてゆくのです。

例えばヒプノセラピーを受けに来られたあるクライアントさんは、なぜか日常から、身近な人が離れていってしまうのではないかという潜在的な恐れを抱えていました。それによって相手を束縛していたり、依存的になったりしていました。恋人ができそうになっても、自ら関係を壊してしまうということを何度も繰り返していました。

こういう、理由のわからない恐れによって人間関係がうまくいかないケースはよくあります。人によって原因になっている理由は様々です。

この方の場合、催眠誘導で深くその原因を探っていくと、前世で戦争に巻き込まれ、自分以外の家族を全員亡くした、という記憶が蘇りました。原因を思い出し、催眠下で追体験することで理解し、今生に持ち越してきた悲しみを浄化することができます。

この方も、今、身近にいてくれている人たちへの気持ちが、束縛や依存心から、もう一度身近に生まれてきてくれたことへの感謝やありがたさへと変わったそうです。催眠後に涙を流しながら、教えてくださいました。

⑩スピリチュアルボディの健康診断

このように、心の深いところで「塊」のように滞っているネガティブ感情の元を解消すると、スピリチュアルボディの状態が良くなって、オーラが一段クリアになります。

セラピーを終えた時の表情もすっきりとして、目の輝きを増し、全体的に光がトーンアップします。人によっては、帰り道の景色が全く違って自然の色がビビッドに見えて驚いた、という方もいます。

私のところには、こういった前世の記憶を癒したいという方が来られます。セラピーは、一昔前よりも気軽に受けられますし、セラピストも今は全国に大勢います。一人で扱いきれず、気になることがある方は、健康診断と同じような感覚で、受けてみると良いと思います。

セラピー後、すぐに大きな変化を感じたという方もいますし、その時はあまりピンとこなかった、日常に戻ると揺り戻しがあった、という方もいます。後者の場合は、少し期間をおいて振り返ると、セラピーを起点に変化が起きていたと気づくこともよくあります。なので、焦らずじっくりと変化のプロセスを大切にしてください。

物理的な身体の変化が急激に起こらない（例えば身長が一日で10センチ伸びることはないですよね？）のと同じで、スピリチュアルボディの変化も自然と同じように、時間をかけながら進み、定着してゆくのです。

「ごちそう」を知って強運体質になる・摂取編

①何を取り入れ何を出すか、循環を意識する

見えない身体は、見えない世界とのつながりの中で生きています。現実の身体は、ごはんを食べて維持している、つまり物質的なつながりや循環の中で生きているわけです。

同じように、**見えない身体は、目に見えないものを取り入れて、いらないものを目に見えない世界に戻すという循環**の中にあります。その中で少しずつ変化し成長する存在です。

自分が日々何を取り入れて、何を出しているのか、見えない身体の健康を知りましょう。例えばダイエットで食事を気にするように、摂取と排泄の循環を意識するのです。

②ごちそうの見分け方・自分だけの栄養があると知る

見えない身体、スピリチュアルボディが栄養を取り入れて、より成長するにはどうしたら良いのでしょうか？　まずは**「自分にとっての栄養」**を知る必要があります。

栄養は人によって違うし、同じ人でも、成長のステージで変わります。以前は栄養だったものが、今はそうではないこともあります。

③ごちそうの見分け方・きれいだと感じる心に気づく

ではその時、「自分にとっての栄養」を知るにはどうすればいいのでしょう？　それには美しいと感じるもの、愛を感じるもの、感謝を感じるものにたくさん気づくことです。

おすすめの方法は、今いる場所で、一つでも多くの「美しいな」「きれいだな」「素敵だな」と感じるものを見つけてください。テーブルの木目でもいいし、壁に反射している太陽の光でもいい、自分の指の形でもいい、隣にいる人のふとした仕草でもいい。とにかく一つでも多く気づくことです。**一日の中で、たったの一分でもかまいません。心が「美しい」と感じる瞬間に無心で集中してください。**すると、スピリチュアルボディが栄養を取り入れてパワーアップします。

④「パン＋〇〇」で人は生きていく

「人はパンのみにて生きるにあらず」

これはイエス・キリストの言葉です。パンのみにあらず、とは物理的な食事とともに、**見えない糧によって生かされている**ということではないでしょうか。しかし、往々にして人は流行りのものや場所、食事をもてはやします。

他の人が「いいね」と言っても、あなたがそう感じなければ、あなたの栄養にはなりません。周り全員が「美しくない！」と言っても、あなたが「ステキ！」と感じれば、それは自分のスピリチュアルボディにとっての栄養なのです。

⑤「最高！」なごちそうは、自分探しのエネルギー源

自分は何をやりたいのか？　何が好きなのか？

「私は何者か？」

それがよくわからないという場合、見つけるだけの力が足りていないことがあります。スピリチュアルボディに栄養をしっかりとって、健康状態のベースアップが必要です。

最高に素敵と思うものを見つけ、体験してください。「あなたにとってのごちそう」こそスピリチュアルボディを輝かせ、自分軸で生きる力になるのです。

追記

この章を書いている時、クライアントさんから、「実は落ち込んでいたんですが、自分の思う最高のランチを食べたら、回復しました！」とメッセージが来ました。シンクロですね（笑）。そう、自分にとっての栄養、が大切です。

【コラム】
「本当に」食べれば太らない食事で波動を上げる

私の体験談になりますが、実は6年前から体重がほとんど変わっていません。その頃から健康状態が著しく安定して、風邪も全くひかなくなりました。物理的なボディが質的に変化したのです。

なぜそうなったのか、きっかけを、はっきり覚えています。

ある時、私はリーダーシップを習得する合宿に参加していました。「無言で24時間を過ごす」という体験プログラムがあり、全くの無言で食事をとっていました。例えば豆の一つひとつ、野菜の葉っぱの味わい、ごはんの食べ始めと租借《そしゃく》し終わって飲み込むまでの甘みの変化、歯ごたえ、そうした様々な工程や素材を、じっくり丁寧に味わうことができるのです。

その時は、一時間くらいかけて、ゆっくり、一つひとつの品目を味わいました。すると、その食材が一体どんな畑で育ち、どれだけの人たちの手を介してここまで運ばれてきたのか、魚はどんな海で育ってきたのか、「目に見えない奥ゆき」が浮かんできたのです。感謝で涙があふれてきました。

初めて、食事というのは「命」をいただくことであり、人々のネットワークで自分が生かされていると感じたのです。食べ物を深く味わうとは、奥ゆきを見ることです。

同時に、「私は今まで、ものを本当の意味で食べていなかった！」そう思ったのです。**本当にものを食べる、というのは、食事の背景も一緒にいただくということです。**丁寧に一つひとつを味わうことは、まるで誰かの話をじっくりと聴くことにとても似ています。味わいながら、地球の恵みが自分自身と一体になっていく。そのプロセスを感じると、感謝と喜びが深いところから湧き上がってきます。

それから1か月、私は「本当の意味で食べる」ことを意識して食事をとり続けました。すると、自然と食事の量も減り（丁寧に味わうと、少しの量でおなかも心も満たされます）、一か月で約6キロ体重が落ちました。それまではダイエットだと、体重コントロールのために食事を気にすることが多かったのですが、それ以降、食べたいものを満足するまで食べても、全く体重が増えなくなったのです。風邪も一切ひかなくなりました。「本当の意味で食べる」ということのパワーだと思います。

　またこの方法で食事をとると、ファストフードなど人工調味料を使った味が濃いものは、丁寧に味わうことができません。刺激が強すぎて、すぐに飲み込まざるを得ないからです。調味料の味はしても、食材の味がほとんどしないことにも気づいてしまいました。結果ファストフードはほとんど食べなくなりました。

　食べ過ぎで太ってしまう、というダイエットにまつわる悩みを抱える方はよくいらっしゃいますが、理由の一つは、「本当の意味で食べていない」からです。満たされなくて食べ過ぎてしまうのです。

　食事は、食糧が生み出されてきた背景も含め、エネルギーとしていただくことです。スピリチュアルボディも栄養を得られ満足することで、肉体も良い状態に保たれるのです。

第5章

最強の運を創り出す
スピリチュアルボディ

最強の運を創るには、宇宙の流れに同調すること

まず、「最強の運」って何でしょうか？　人によってイメージや定義は様々だと思うので、私の考える「最強の運」というのを表現してみようと思います。

①あらゆるものを生み出した源が『宇宙』

突然大きな話ですが、私は「宇宙」の視点から見ることが最も本質的だと思っています。宇宙とは、あらゆるものが生み出された源ですね。宇宙から生まれていないものは何一つとしてありません。

②宇宙は、拡大＝進化成長し続けている

そして宇宙は、止まることなく刻々と拡大し続けている、つまり進化成長し続けている存在です。だから、あらゆるものが進化成長し続ける、というのが宇宙の法則の、一つの原則だと思うのです。

③人類にも当てはまる宇宙の原則

人間も、宇宙の進化の途上で生み出されてきたわけですから、人間にも、自然にも、地球上のありとあらゆるものにその原則が当てはまるのだと思うのです。

④運命とは進化成長につながる流れ

だから、「宇宙には進化成長に関係することしか起きていない」とも言えます。それが「運」なのだと思うんですね。つまり、常にあらゆるものが、あるべき方向に運ばれているわけです。そして、個人の命の運ばれていく流れが個人の運命ですね。

⑤運を良し悪しでジャッジしない

でも、私たちは人生で起こることを運がいい、運が悪い、つまり「良い・悪い」で判断してしまいます。たとえばリストラされる、離婚する、事故にあう、といった出来事を、運が良いとは思えないでしょう。

それでもなお、あらゆることは進化成長にかかわることしか起きていないのだと、強引にでも100%認めた時に、初めて大切なものが見えてきます。進化成長は、「必ずしも都合が良いという文脈では起こらない」のです。

⑥すべて必要だから起こる

全てが完璧。一見ネガティブと見えることも、今まで起こったこと、体験してきたことは、間違っていない。何一つ欠けても今の自分はない。すべて、さらなる幸せな未来に向け、必要で起こっている何かだという視点で見てください。

⑦喜びも悲しみも人生に大切なピース

その時に初めて、出会った人々、喜びや悲しみの体験、実は一つひとつが大切なピースです。あらゆることを全肯定して明け渡すことは、至難の業かもしれません。でも、あえてそんな視点で見てみると、だんだん腑に落ちてわかってきます。

⑧わざわざ嵐の中でゴルフをしなくていい

この宇宙的な流れに沿った考え方、生き方、あり方でない場合、宇宙の流れを抵抗として感じてしまい、自力でものすごく頑張らなくてはなりません。

嵐の中を、雨風に吹かれつつ一生懸命濡れないようにゴルフをするようなものです。

大波に逆らって小舟を漕いで、大海原の中を進む感じかもしれません。だったら、そこに流れる波や風を読んで利用した方が楽ですよね。

⑨自然の流れに沿って生きる

最強の運を創るには、世の中や、物事の流れに抗わないことです。その流れを読み、流れの力を味方にしながら、進みたい方向に運ばれて行くという生き方を意識してください。**「これでいいのだ」と完全に受け入れ**、感謝できること。その流れに運ばれながら、あらゆることが完璧なタイミングで起きている、そこに美しさすら感じる状態になることです。

スピリチュアルな生き方は、成熟した生き方

スピリチュアルな生き方といえば、ワクワク流れに乗っていこう、などフワフワと自己責任を放り出して地に足のつかない生き方をするかのように聞こえることもあります。ですが本気で取り組もうとすれば、実はフワフワしていられないことがわかります。

①「他力」に委ねるには「自力」の強さが必要

自分の力を自力、それ以外の、他人の力や世の中の流れを他力とするならば、必要なのはまず、他力の流れを読む力です。それと調和しながら自分自身の方向性を見定める力です。何より大切なのは、他力に委ねること。これにはエゴや恐れを超える勇気や行動力……つまり、それなりの自力が必要です。

それは、起こった出来事（結果）や「こうあるべき」（常識）、に執着しない生き方です。なぜなら、「他力の流れを読む」とは、あらゆることが、よりよい未来のために起こっていると、受け入れることだからです。さらに「他力にゆだねる」とは、恐れを超える強さです。

例えば、コロナウイルスのパンデミックも、起きてはいけないことだと否定するのをやめてみましょう。長い目で見たら、地球にとってベストタイミングで良き方向に向かうために起きているのだと、一旦肯定し信頼するのです。

社会が大きく動いてゆく流れを読み、利用しながら、進みたい方向へ自らの舵を握りつつ、乗っかっていくのです。

②物事の流れを意識し続けると「強運体質」になる

話をもとに戻しますと、最強の運を創り出すスピリチュアルボディというのは、宇宙的な流れに沿って行動し、受け入れることで創られるのだと思います。

まずは、良いと思えることも悪いと感じることも「すべて良し」と受け入れるあり方を日常的に実践することです。まるで体質のように、**自然と受け入れる状態まで意識し続けることが大事**です。すると最強の運を創り出せる体質としてだんだん定着してきます。

③「これでいいのだ」が、気分を上げる

「苦しい」と感じる時は現実に起きていることを「そうあってはいけない」と否定している時です。だから、もし苦しさを感じたら、一旦あらゆることを「これでいいのだ」と肯定しましょう。

宇宙は進化し続けています。つまり全ては寸分たがわず起こっているのですね。それは、自分がついやってしまった何かも含め、全てにおいてです。何も間違っていない、大丈夫です。

物事を肯定すると、脳からセロトニンという、脳内物質が分泌され、体感的に気分が

良くなるのだそうです。科学的にも理に叶っていることなのですね。

なにより、ありとあらゆることを「これで良し」と肯定すると、心が落ち着きます。

④現実に「白旗を上げる意識」から始めよう

「な～んにも、間違っていない」と深呼吸しましょう。

たとえそう思えなくても、全てに完全にサレンダー（降伏）するのです。白旗をあげて、完全降伏です。

そのうえで改めてポジティブな未来を想像できる状態になります。何も否定しないで受け入れると、身体も心も緩んでリラックスします。その瞬間、スピリチュアルボディにふっとつながることができるのです。望む現実を作り出し始めるのは、いつもそこからです。

第6章

スピリチュアルボディで年齢も超える

あなたの内側にいるのはどんな人？

たまに、一見「なんでこの人がもてるんだろう？」という人が、異性にものすごくモテていたり、それほどパッとした外見ではなくても、動き出した途端、目がくぎ付けになってしまう魅力的な人がいます。

あなたの内側に、どんな人が入っているでしょう？

スピリチュアルボディの視点で見ると、美しい人の中には美人がいますし、お金持ちの人の中には、お金持ちがいます。年齢を超えて若々しい人の中には、若者がいます。この内側にある存在が外側にオーラとして醸し出され、人は魅力に気づきます。現実は肉体ではなく、スピリチュアルボディに呼応した形で起こります。現実は見えない世界に従うからです。

物事がスムーズに進まない人の中には、自信のないスピリチュアルボディがいるのかもしれません。あまり人が集まってこない人は、内向きのスピリチュアルボディを入れてしまっているのかもしれません。

一瞬目をつむり、意識してください。あなたの中には、今、どんな人がいますか？

そして次は、自分の中に理想のスピリチュアルボディを入れてみてください。

年齢を経るほど表に現れる内なる身体

実際の年齢が若いと、肉体の持つパワーが強くて、ピチピチしていますよね。どんなに内側に弱々しいスピリチュアルボディが入っていても、カバーできてしまいます。それだけ肉体の持つパワーの方が優勢だからです。年齢を経て、30代後半以降になると、だんだん肉体のパワーは衰えます。

しかし一方で、内側に美しいスピリチュアルボディがいるなら、その美しさや魅力が増してきます。年齢を経るほどに、内側に「誰がいるか？」が如実に表に現れてくるようになるのですね。

訪れるクライアントの方々を見ていると、30代後半以降は、肉体が主導権を握っていた状態から、徐々に精神やスピリチュアルボディが主導権を握るようにシフトしていくようです。40代は特に、年齢を逆転するかのように若々しくなっていく方と、年齢相応にどんどん老け込んでいく方と分かれます。

スピリチュアルボディが主導権を握り、**世の中の常識ではなく、自分で決めて人生を生きていると、エネルギーが増していきます。**年齢を経れば相応に老いていくものだという、固定されたイメージに屈し、自分では何も変えられないという、受動的な感覚や無力感を持っていると、スピリチュアルボディはエネルギーを失っていきます。肉体の衰えに従って老いていくのです。

一般常識や雑誌で言われていること、世間の意見を鵜呑みにして、「30歳を超えたらおばさんだから……」とか「もう歳だから……」という言葉は、スピリチュアルボディを老けさせます。

自分の言葉を一番聞いているのは他人ではなく、自分の潜在意識です。声にする言葉って、思っている以上にとてもパワフルなのです。誰が聞いていなくとも、使う言葉は気を付けた方がいいですね。

内側の理想像が未来を創る

◎内側に理想像を

世にいう成功者の中には、必ず成功者のボディがいます。内側が成功した生き方をしているから、現実を創ることができるのです。

もう少し言えば、内側に「理想のスピリチュアルボディ」を入れる、もしくは育てあげることが、理想の現実を引き寄せます。外側の現実を変えるのではなく、外側の現実を作る「中にいる人物」を先に変えるのです。

◎予《よ》祝《しゅく》

外側を先に変えられるなら、変えた方が有効的なこともあります。例えば、事業に成功したいなら、成功した自分が行くだろう、高級ホテルのラウンジでお茶をして、その気分を先取りして味わうのです。未来の先取りです。

予祝、という方法もあります。叶えたい願いが、すでに叶ったつもりで、先取りしてお祝いするのです。パートナーが欲しいなら、もうすでに出会えた自分になり、お祝いの先取りをします。パートナーができたと仮定して、デートに行くようなメイクとお気に入りの服でおしゃれをしてみましょう。

これらは、行動を変えることで、内側に「願いが叶った姿」のスピリチュアルボディを育てるという方法です。育てば育つほど、見合った現実や奇跡的な出来事が、実際に起こり始めます。

「主観年齢」で生きる

◎人生１００年時代の生き方

アンチエイジングという言葉があります。老化に対応する、という考え方や取り組みです。これに対し、年齢を超える「トランスエイジング」という視点をお伝えしたいと思います。

エイジングという概念を超え、見えないボディ、スピリチュアルボディの年齢を決めてしまうことで、実際の肉体のエネルギーや生き方も、それに従ってゆくのです。

人生１００年時代と言われます。「LIFE SPAN」という本を出版されたデビッド・A・

シンクレア博士曰く、今生きている人たちの中から、１５０歳まで生きる人が出てきてもおかしくないのだそうです。人生50年と言われていた頃から、なんと3倍の長さです！

このように、この世で生きられる時間は、私たちが生きている間に、ますます長くなりつつあるのです。

◎人生の肉体年齢設定を自分で決める

だからこそ、自分の年齢イメージを、調整してゆく必要があります。以前のように、30歳を過ぎたらおじさん・おばさん、なんて思っていたら、人生１５０年の時代は大半が老後になってしまうかもしれません。自然界に、人生の半分以上を年老いた姿で生きている生物なんていません。年老いて衰えたら、捕食されてしまいますからね。

仮に人生を１００年間と設定して、あなたはどう生きたいですか？

人生の肉体年齢の設定を自分で決められるとしたら、何歳までを子供時代、青春時代、最盛期として生き、何歳頃から成熟期、何歳頃から老年期にしますか。順番の入れ替えも自由です。一旦成熟期に入ってから、もう一度子供時代に戻ってもいいのです。

世間からのイメージや常識から離れ、自分で決める必要があるのです。そうでないと、世間のイメージ通りに身体を老いさせてしまいます。

内なる人物像が、身体に影響を与える

◎内側にどんな理想のボディを入れたい？

ちなみに私自身は、80代までは最盛期で過ごし、本当の老年期は最後の数年でいいと思っています。今49歳ですが、これからますます最盛期に向かって成長していくイメージを持っています。

たまに、ティーンエイジャーのイメージもします。すると、人生はまだまだ知らないことだらけ、これからもっといろんな人に出会っていくのだ、という希望と謙虚な思いが湧いてきます。

こんな風にクリエイティブに遊んでもいいと思います。年齢の違ったスピリチュアルボディのイメージからくる感覚を味わい、実際に行動を起こしてみることが大切です。

例えば、あと１００年寿命のあるスピリチュアルボディが内側に入っているのを想像してみてください。大好きな芸能人や、女神的な存在でもかまいません。自分の内側にいるその人は、どんな目の輝きで、どんな肌の質感をしているでしょうか？　どんな心で、どんな身体の状態にあるでしょうか？

◎眠っていた遺伝子を起こす⁉

そう細かく想像したときの身体や心の感覚を観察してください。「衰えている場合ではない！」と肉体がシャキッとするかもしれません。「この先１００年、何をしていこうか？」と未来への好奇心が増すかもしれません。時間が長くなればそれだけ、達成できるものや体験できるものの可能性が広がるのですから。

未来に対する意欲的な感覚は、実際に脳内の伝達物質に影響を与えます。眠っていた遺伝子を覚醒します。遺伝子を研究されている村上和雄博士が「SWITCH」という映画で語っていましたが、私たちの細胞のＤＮＡはほとんどが眠っていて、活性化されるのを待っています。ＤＮＡの視点からも、私たちは無限の可能性を秘めているのです。

あなたの人生の主導権を握っているのは何？

◎身体と心と魂には主従関係がある

さて、ボディ・マインド・スピリット（身体・心・魂）という言葉があります。実は上下関係で言えば、**スピリット（魂）、マインド（心）、ボディ（身体）の順番であり、主従関係です。**

もちろん、ボディもマインドも大切なものではありますが、例えばそれは飼い主と愛犬の関係性に近いかもしれません。

愛犬をちゃんと躾けて主従関係を作っておくようなものです。かわいいからと、人間が愛犬の要望に従っていれば、言うことを聞かなくなり、主従が逆転して振り回されてしまいます。「ボディ・マインド・スピリットの関係」も同じです。ボディ、マインドも愛する必要がありますが、あくまでもその中の最上位はスピリットです。

どちらが偉いではなく、あらゆるものに上位と下位があります。音階のドレミの関係をイメージするといいかもしれません。高い音は高い位置に、低い音は低い場所に位置するのです。

◎本当の自分を生きるには

さらに下位は上位に従うという原則があります。

人間の存在も、スピリチュアルボディが上位で、マインドをコントロールし、マインドが下位のボディをコントロールするという順番が自然です。これからの時代は特に、理想的な生き方となっていくでしょう。

ボディ、肉体の欲求に従うと、生存欲求、つまり生活するために生きる、死なないように生きる、という生き方になります。

マインドの欲求なら、上手に生きる。失敗しないようにうまく生きる、無難に生きるという生き方です。今までの社会では、これらボディ優位、マインド優位で生きることが当たり前だったかもしれません。

スピリチュアルボディがマインドもボディも従えると、魂の願いに向かって人は生き始めます。**本当の自分を生きる、という生き方**になります。

魂が主導権を握ることで、ボディやマインドが持つ様々な恐れを超え、自由になってゆきます。よく「使命」や「ミッション」という言葉が言われますが、それらを生きられるのはこの状態です。

魂がこの世のものでない以上、魂の願いとは常識や個人の都合にとらわれないものです。むしろ、自分にとって「都合の悪い」ものが魂の願いだったりします。そこに目覚めたら、今まで送っていた平穏な日常を手放さなくてはならないかもしれません。「私はこんな人」という、それまで作りあげてきたセルフイメージを壊さなくてはならないのです。

だから、多くの場合はボディやマインドの持つ恐れに覆われて、見えなくなっています。見ないようにしている人も多いでしょう。その方が楽だからです。しかし、ボディやマインドに従った生き方をする限り、どこか閉塞感があるはずです。深い満足感や喜びを得ないまま生きることになります。

魂の願いに気づき始めると、そちら側に人生は進み始めます。恐れを超えて歩み始めると、ぐんぐん道は開けます。躊躇して立ち止まれば、容赦なく背中を押されることが起きます。

このような道のりで、徐々に常識や枠、思い込みを超えて自由になります。やがて心が震えるような本当の喜びを生きられるようになるのです。魂は人が創ったものではありません。自然のものだからこそ、魂が主導権を握って生きれば生きるほど、世界に調和をもたらすのだと、私は考えています。


あなたの人生は、何に主導権を握らせていますか？

自身の生き方全体を俯瞰してみてください。

「中《なか》今《いま》」で魂につながる

◎今この瞬間を感じるということ

中今、という言葉を聞いたことがありますか？

今の真ん中。まさに、今この瞬間です。今この瞬間に意識を集中するというあり方です。この言葉を、私は東大名誉教授の矢作直樹先生に教えていただきました。

私たちは普段、未来のことを考え不安を体験したり、過去を思い出して後悔の感覚を味わったりします。ところが、今この瞬間に全ての意識を集中すると、高次元意識という、自分のアタマを超えたものにもつながることができると言います。私はこの状態が、魂につながるカギだと思っています。

パソコンがインターネット回線を通してクラウドとつながる様子をイメージしてください。それとよく似ています。だから、個人の枠を超えた知性にも、つながってゆけるのです。

例えば、アタマで考え付きもしなかった、優れたアイデアが直感的に浮かんだり、その場その場で、何をしたらいいのか、瞬時にわかるようになります。大ヒット作品を創るアーティストや作家さんが、「作品のアイデアが降りてくる」「ひらめく」というような表現をするのも、こうしたつながりの影響だと思います。

意識が「中今」からずれると、この回線が途切れている状態になります。もちろん身体という端末は動きますが、使える機能も、入ってくる情報も限られ、この状態で生み出せる結果も限定的なものになってしまいます。「中今」にいて、魂につながるためには、逆説的に聞こえるかもしれませんが、肉体の感覚をしっかりと感じることです。

なぜなら肉体は、過去にも未来にもなく「今ここ」にしか存在できないからです。「中今」状態になるには、身体を意識すること。今ここにある肉体にしっかり意識をめぐらせると、心や思考も静まり、リラックスしたまま、意識はクリアな状態になります。これが「中今」状態です。

実はこうしたことは常に起こっていると思います。しかし、「中今」に意識が無いと、気づけずにスルーしてしまっているわけですね。

◎「中今」にいるための方法

意識を「中今」に持ってくるために、マインドフルネスや瞑想もおすすめです。簡単な方法は、呼吸に意識を向けること、そして自分の中に湧いてきている思考や感情もただただ観察していくやり方です。

私の場合、まず「思考を観察する場所」を意識で探っていきます。思考を自分そのものだと思っている方も多いのですが、思考は自分の一部であって、主体ではありません。

思考とは、一日に何万回も湧き出しては流れているものです。その流れを俯瞰するように観察します。考えに集中して入っていくと飲まれるので、あえて、観察し続けるのです。

例えば、自分の頭の上斜め45度辺りに浮かんで見ている感じを想像するといいかもしれません。悩んでいるな、こんな風に感じたな、とただただ観察してください。

思考を観察できる状態になると、邪魔されなくなります。今この瞬間「中今」につながっていきます。

それはとても平和で安心できる場所です。どんな現実が起きても、くつろぎのスペースが広がっている。そんなイメージです。

「中今」を通して魂とつながること。そして、自分の魂につながるほど、実は他の人たちとつながることができます。

魂につながったインスピレーションを採用するほど、世界と調和的に生きられるようになるのですね。

第7章

激動の時代だからこそ「存在力」を生きる

二極化とは何か？

２０２０年から新型コロナウイルスの流行という切り口で始まった、地球規模の大激変が起こっています。スピリチュアルの世界では、２０２０年以降、地球は大きく波動を変えて、統合の時代に入っていくとか、風の時代が始まるとか、主に占星術をベースにした情報から、大きな変化が起こると言われています。

この事態になり明確になってきたのは、大手メディアから流れる情報は、必ずしも真実ではないということです。世の中は、ネットの世界も含めて情報がひしめき合い、何が本当か分かる術《すべ》がないのではと思います。

メディアから流される情報を垣間見ると、恐怖感を駆り立てられる感覚になります。家にテレビを置かない私でさえ、感じるのですから、日常的に取り入れる多くの人々が、自然に制限的な行動にならざるを得ないこともわかります。これは仕方がないことかもしれません。

大手メディアの情報は、真実かどうか以上に、大衆の心理に影響を及ぼすという目的で流されています。目的や意図のない報道はほとんど無いでしょう。大衆に与える影響によって、経済を含め、社会の多くのことを動かせるからです。世界で大きなパワーを握る層の意図する方向に、大衆の心や行動が一致していないはずはありません。

もちろん、このパワー層も、何かしらの大義があるのでしょう。ただ、こうしたコントロールへ無自覚に乗ってしまうか、人生の舵を自ら握るのか、その分かれ目が、「二極化」と言われる、大きな二つの流れに人々が分かれる現象だと思うのです。

スピリチュアルボディに主導権を握らせて生きると、何が自分にとって必要な情報か、判断できるようになります。正しいかどうかではなく、腑に落ちるか落ちないかという自分軸に基づいた感覚で、情報を取捨選択していけます。

ただし、向き合えていない恐れがあると、無自覚にコントロールに巻き込まれてしまいます。

恐れや、居心地の悪い感覚に向き合い、「何が怖いのか？」明確にすれば、解放されます。

例えば「新型コロナウイルス」に対して持つ恐れは人それぞれです。

ある人は、ウイルスにかかることで人から嫌がられる恐れを抱き、ある人は健康を損なう恐れに怯え、ある人は誰かに迷惑をかけてしまう恐れを抱えるでしょう。またある人は、人と違う行動を取ることへの恐れを抱く……同じものを怖がっているようで、よくよく見れば恐れの内容は様々なのです。

そういう意味で、2020年に世界を席巻し始めたコロナ騒動は、一人ひとりが潜在的に恐れているものを浮き彫りにしたとも言えます。

自分が「本当は何を恐れているのか？」本質的な恐れを見つめ、超えることから始めましょう。翻弄されるのではなく、「どうしたいか？」と、前向きに考えることができます。

知識やスキルよりも「存在力」がものを言う時代

人よりも多くの知識やスキルを持つことが意味のある時代は、終わりました。

必要な知識は必要な時に常にネットの世界にあり、あらゆるスキルもサービスとして、簡単に手に入れられる時代になったからです。

これからの時代は、**自分にしか出せない存在力がものを言います**。それは自分にしっかりつながるほど現れ出る体現の力であり、人が持つ固有のパワーです。

これまでの時代の「調和」は、お互いが合わせる、つまり出る杭は出さず、外側にある基準に合わせる調和を生み出す社会でした。これから「調和の意味」が変わります。

それぞれの個人が、自分にしか出せない固有のパワーを最大限、花開かせることによって、自然と生み出されていく調和です。

今私たちが迎えているのは、「風の時代」とも言います。風は、目に見えないエネルギーです。葉っぱやほこりが舞い上がり、肌で感じることで、流れているとわかります。「フワフワと軽やかに生きる」とは少し違うと思います。風に吹かれて受動的に生きるのでは、これからの激動の時代では、翻弄されます。風に吹かれるのではなく、目には見えない風を感じるというイメージに象徴された時代なのです。つまりは目に見えない魂にしっかりとつながること。本当に生きたい人生をたどる時代です。

誰もが魂を生きる時代がやってきた、ということなのです。

魂につながる人の生き様は、他者に大きく影響を与えます。身体も心も大事にしながら、主導権を魂に握らせていれば、アタマでは考えもしなかった、常識の枠を超えてしまうかもしれません。

一見、試練のような出来事にぶつかり、何度もの「古い死」を超えていく中で、魂の身体、スピリチュアルボディはぐんぐんと輝きを増します、人間的魅力が大きく開花し、周囲の世界に応援されるでしょう。人々に自分の存在力というギフトを分かち合う、そんな生き方にシフトしていくのです。

神がかった存在力が世界を救う
～日本人よ、神がかれ！

私は、風の時代には最強の「神がかった存在力」を持つ人々がたくさん現れるのではないかと予想しています。イメージでは、一部の人たちの中から、これまでの「常識的な能力を超越した人間が現れる」、そんな時代ではないかと思っているんですね。

自身の内側を見つめる内省力をつけ、霊性に目覚め、心を育て続ける人間は年齢を重ねるほど、意識が成長発達していく存在です。

例えば、ネイティブアメリカンの歳を経た長老のような賢者、そんなイメージでしょうか。

一昔前は、人生50年時代と言われていたので、そこまで成熟する前に多くの人は寿命がきていたわけです。これからの人生100年時代には、多くの長老、賢者にまで成長した人たちが、まだ若い状態で長く生き続ける可能性が高くなります。

さらに、これだけ激動の時代ですから、以前は体験できなかったような人生体験を数々積んで学ぶことが可能になります。これまで地球上に存在したことのないほどの、高度な知恵や成熟した考え方やあり方を持つ人たち、人間を超えて神様に近づいたような存在が、現れる可能性があると思っています。

これからは、「一つの人生の中で何度も（精神的な）生と死を繰り返すことで進化する」道を選んだのかもしれません。出生率が下がるのは問題ではなく、誰もが死なずに長く生きる中で、進化成長するというのが、宇宙の流れではないかと思うのです。

アインシュタインは「問題は、それを作り出した意識レベルで解決することができない」と言っています。神様に近づいたような人たちがたくさん現れ、地球上の課題を解決するのかもしれません。

世界一の長寿国を突き進む日本人が、長く生きながら神がかることが、世界を救うのではないかと思うのです。

日本人よ、神がかれ！

2021年以降、ショッキングなことは、今後も起こるでしょう。古い自分の死を迎え、リセットされる体験をする人たちも、多く出てくると思います。それは、人々の意識がさらに目覚め、磨き上げられていく道のりではないかと思っています。新しい時代の到来を、ともに楽しんで進んでいきましょう！

第 7 章
激動の時代だからこそ「存在力」を生きる

エピローグ

今、２０２０年の12月21日、冬至にこの文章を書いています。まさに時代が大きく変わっていく、そのさなか、「スピリチュアルボディと存在力」という切り口で、新しい時代を生きるヒントをお伝えできることに、無上の喜びを感じます。

この10年、前世療法により、「何度も輪廻転生してきたのだ」と確信できる現象を垣間見てきました。人は目に見える、有限の肉体を超えて存続しています。目に見えない魂が本体です。それが人生体験を通し、学びを積み重ねているのです。

実は私自身も、本当に前世はあるのか、最初は半信半疑でした。でも目の前で、前世の記憶に、深い気づきを得たり、癒しの涙を流したりする人たちに寄り添う中で、疑うことがバカバカしくなりました。

魂があるという前提のもとに行うセラピーで、目の前の人たちが癒され、変化変容してゆく姿は、間違いなく事実だったからです。

私たちは肉体を超えたボディを持ち、それが何度も体験を通して学びを積んでいます。霊性や魂の学びが、生まれ変わった次の人生にちゃんと持ち越されるのなら、死ぬまで磨き続けることをあきらめないかもしれません。

体験するあらゆる出来事は、良いとか悪いとか判断する必要はありません。そこから魂がどれだけ成長するのか、ということに価値があります。失業も離婚も破産も病気も、全て何かを学ぶための教材であり、魂が得た学びこそが重要なのです。

少し高い視点から見れば、体験が差し出す本当のギフトに気づくはずです。

これから、さらなる激動の時代を私たちは迎えていくでしょう。今まで持っていた世界観を、どれだけ柔らかく変えられるか、試されているように感じています。だからあきらめず、どんな局面の中にも、光を見出してください。

宇宙に有り余る光が、この地上に形を持って現れるために必要なのは一つです。魂、心、考え、言葉、行動全てを調和させ一致させ、体現して生きる人たちが一人でも増えること。

新しい時代は、一人ひとりのスピリチュアルボディから始まります。光の時代を多くの人とともに創っていけますよう、この本がその助けになることを心から祈っています。

巻末付録

対談

東京大学名誉教授

矢作直樹先生

×

玉依真乙

（2021年1月5日実施）

テーマ

「今私たちが迎えている激変の時代を生き抜くために必要なこと」

矢作教授には、この本の執筆に当たり、お忙しい中、対談の時間をとっていただきました。テーマの通り、急変する社会の中で、どう進めば、この状況を乗り越え、生まれ持った使命を果たしていけるのか、今後の私たちに必要なことを、おうかがいしてきました。

【プロフィール】

矢作直樹（やはぎ・なおき）

神奈川県生まれ。金沢大学医学部卒。麻酔科を皮切りに救急・集中治療・内科、手術部などを経験。2001年、東京大学大学院医学系研究科救急医学分野教授および同大学医学部付属病院救急部・集中治療部部長。2016年3月に任期満了退官。東京大学名誉教授。著書に、「人は死なない」（バジリコ）、「おかげさまで生きる」（幻冬舎）、「日本史の深層」（扶桑社）、「日本歴史通覧　天皇の日本史」（青林堂）他多数。

◆「どこにも頼るな」が、たった一つのメッセージ

矢作：２０２０年から今年２０２１年のメッセージはたった一つ「どこにも頼るな」なんです。判断に必要なことは全て、自分自身にあると改めて自覚することが大切です。例えばインターネットも含めてね。

玉依：そのお話をぜひお聞かせください。この本で言いたいのも、まさにそういうことですから。具体的にどんなことに気を付けて、どのように考えて行動すれば良いのでしょうか？

矢作：何に気を付けるか、その基準を計るための情報をどう扱うか、改めて考える必要があると思いますね。スピリチュアルとかスピリチュアルでないとか関係なく。大前提として、現在、ニュースやメディアの情報を頼ることは、解決にならないってことなんです。

玉依：解決しないというのは、情報の信憑性に問題があるということでしょうか？

矢作：少し違います。真偽というより、その情報がなぜ一般の前に提示されるのか、その意図の方が重要だということです。ただそれを完璧に知るのは難しいですよね。よっぽど、メディア・リテラシー※が鋭くて、裏の構図まで全部見えればいいのですが。それは大変厳しいのではないかと思っています。

※情報を自己の目的に適合するように使用できる能力のこと。

玉依：意図的に公開される情報が操作されているということでしょうか。

矢作：例えば、実は今回の新型コロナウイルスも人工的に作られたんですね。そこに、さらなるハイブリッドのウイルスも、もうすでに用意されている。

玉依：世界規模の出来事が人為的に起こっている？

矢作：今回のアメリカ大統領選も背景に力が働いていますが、全て元はつながっています。背景がつながっていることを考えると、一つの事象で右往左往してもだめなのですよ。だって、今年（２０２１年）はもっと現実に影響を与える出来事が起こるでしょうしね。天変地異の可能性もあります。

玉依：コロナ禍で１８０度変わってしまった世界が、今後さらにカオスになっていくのでしょうか。

矢作：良く言えばカオスになっていく、けれど、経済が打撃を受けて潰れると、人々の生活環境が厳しくなりますよね。なにより一番ダメなのは心なんですね。不安でいっぱいになると、人間は意欲も無くなるし、それによって病気になってしまいます。心の病だけじゃなくてね。

玉依：コロナや経済悪化は個人でどうにかできるレベルではない。そうなるともう本当に、頼るところは外に無い状況ですよね。

矢作：心が重要ってことなんですよ。モリエール※が「病は気から」と言っていますが、「心が重要」であるにもかかわらず、その重さを本当の意味でわかっている人は少ないのではないでしょうか。いわゆる心や意識の活動が、心身にどれだけ影響を及ぼすかをわかっていないのです。例えば、ガンなんかは、ちゃんと《ガン》の声を聞くと、人によっては病が消えてしまうのですが、それは珍しいことでもないのです。ですが、当人や家族以外、実際に体験していない人々には伝わらないんです。

※17世紀に活躍した、フランス王国ブルボン朝時代の俳優、劇作家。医師を風刺した作品をたびたび発表した。「病は気から」はモリエール最後の戯曲。

玉依：本当にそうですね。病というのは、日常の思い癖や、心のあり方が日々蓄積され、時間差を経て肉体に表現されてくるのですよね。

矢作：はい、《病気》っていうのは、その一つの表れですからね。

玉依：よりどころや原因は外側には無く、内側に全てがあるということですね。まさに、「どこにも頼るな」ですね。

◆情報を見る目、メディア・リテラシー構築も必要

矢作：後はやはり、日常使われているFacebookやTwitter, Google, YouTubeなどのプラットフォームがほとんど、いわゆる検閲対象下になっていますね。

玉依：そうなんですね。だから信頼できる情報は見つけにくくなっている？

矢作：はい、もちろんです。かと言って、直感や内側の感覚だけで信頼できる情報を取ることができる人はあまりいないので、やはり現実的に見てメディア・リテラシーの構築は必要だと思いますね。ただし、重要なのは、何のために情報を取るかということです。結局は健やかに生きていくためなんですよね。

玉依：たとえば、コロナ対策もそういうことですよね？

矢作：そうですね。ソーシャル・ディスタンスを取り、マスクをすることの必要性を言われていますが、どんどんエスカレートしています。家の中でもマスクをしろとか、そのうちセックスもしちゃダメとかいうことになりかねません。そこまでいくと全く無意味というよりも、逆効果になると思うのですよ。

玉依：具体的に医療の場でもマスクによる弊害は見られますか？

矢作：科学的には、マスクをした場合の方がほんの少し効果的かもしれない、とは言えます。しかし一方で、マスクによって起こるマイナス要素もあります。例えば、単純に呼吸抵抗が上がり、胸の余力があまり無い人は苦しいという状況が起こっています。より問題になっているのが子どもたちへの影響です。例えば幼稚園や保育園でマスクをすることによって、先生が子どもたちの表情を読み取れなくなるんですよね。

玉依：なるほど、医療的側面だけでなく、教育現場、しいては子どもの発達や心理学的側面から見ても影響を及ぼしているというわけですね。

矢作：そうですね。そしてこの状況が続くと、やがてコミュニケーション障害、あるいは情緒障害に結びつくわけです。赤ちゃんは、親の顔を見て、親が笑っているから安心したりするのですが、安心の基準がわからなくなってしまう。

玉依：私たちは、脳にあるミラーニューロンで相手の心に何が起きているか、感情を自分の中でシミュレーションしていたりしますしね。

矢作：子供の成長にとって一番大事な時に、発達に必要なふれあいを全部シャットダウンしてしまうわけです。すると情緒やコミュニケーション能力が育たなくなってしまいますよね。

玉依：目に見える要素ではない上、今すぐ現れる能力ではないだけに、深刻ですね。

矢作：だから、そうしたマイナス面は調べていないというより、おそらくわざと情報として出してないんだと思うのですが、たくさんあります。特に日本の場合は、やっぱりリテラシーが低いのです。それに行動制限なんてしても意味が無い。だって、すでにウイルスなんて、日本中にインフルエンザみたいに住みついているのですから。

玉依：コロナ自体も、本当は２０１９年の秋冬には、かなり広がっていたという話があります。要するに、私たちが公の発表や情報として触れているものが、必ずしも真実ではないということですね。

矢作：ほぼフェイクといえます。だから実情として、良い意味で疑ってかかるという、リテラシーの基本を外さないことですよね。

玉依：情報というのは、それが公のものであるほど、人心に影響を与えるし、それによって多くの人が動きますしね。

矢作：だから、本来はすごく責任を持ってやってほしいのですけどね。

玉依：そうした状況を客観的に見て、何が起きているのかをゆがみなく観察することが重要だと思うのです。仏教で言う正見《しょうけん》ですけど、まっすぐ見ること。それがメディア・リテラシーだと感じています。

矢作：今のメディアは結局、まぁ、言ってはなんですが、例外なく全て世界を動かしている方々の持ち物ですからね。情報発生源の通信社もそうですし、例えば映画とかも含めたメディアも、全部、大きく分けてたった5つのメガ企業の傘下にあります。これらは世界を動かしている方々の持ち物の一つです。

◆意識の投影が、見ている世界

玉依：そういうものに囲まれているのだと、まずは気が付く必要もありますよね。先生のお話を聞いていて思ったのですが、自分の内側に不安があると、情報が入ることで、それを映し出し、増幅してしまいますよね。

矢作：それをいわゆる「感情フィルター」といいます。

玉依：ある意味、人間は、起きながら夢を見ているような状態ですよね。

矢作：お釈迦様はそれを「識」と言ったわけですよね。つまり、自分の意識の投影が見ている世界だということです。

玉依：はい、内側にあるものを外側に映し出しているわけですね。逆に言うと、心が平和だと、外がどうであっても平和になってしまいます。

矢作：そうです。人々が自分の内側から平和を見ることができれば、馬鹿なことを言う人も減ると思いますよ。御用学者とか政治家とか、ああいう人たちも人々をあおるようなことを言っていられなくなると思うので。

◆コロナのメッセージは「万物への感謝」

玉依：最近、世の中の状況がまるでコントみたいだと感じます。街の中に行くとみんながマスクをし、2mずつ空けて立つ。除夜の鐘も、お坊さんがマスクして突いているところを見てビックリしました。

矢作：この結果が何をおよぼすかというと、例えば神社、こういうものが、虚構というか、本物ではなかったとバレてしまうわけです。だって、神域でやる神事であれば、何があっても大丈夫なはずでしょう。しかし「密集するのは、ウイルスをまき散らすことになる」という世間の風潮に、付和雷同して動いてしまっています。だからもう、神社に頼る必要はないんです。自分の心の中に神社ができればいいんです。

玉依：神社も、今年は初詣の人出が少なかったみたいですね。

矢作：7割減ったって言っていましたよ。

玉依：すごい。7割ですか！　それは未曾有の事態ですね。コロナ禍が起こす、変な風潮が現れることで、以前は見えなかったり、見えづらかったりしたものが、表面化しているということですね。

矢作：そうです。だから、コロナのお陰で、っていう風に思わないといけない。人間だけではできなかったわけです。だけど視点を変えれば、コロナはわずか1年で、見えにくかったものを、あぶり出してしまったわけです。

玉依：油汚れは浮き出させないと取れないのと一緒で、ある意味、そういうものが浮上してきているのは浄化のチャンスですよね。人知を超えたものが、働いていたのだろうなという気がします。

矢作：そうですね。だから、コロナのメッセージは「万物への感謝」なんです。

玉依：そうなんですか?!

矢作：万物への感謝を思えば、おそらくコロナは消えるでしょう。コロナ自身が、自分の課題を解決するでしょうから。だってコロナのお陰で、色んなことがわかったわけでしょう。それはコロナウイルスを作った人たちの意図とは、ちょっと違うと思うんですよ。作った人たちは、当然、人間を分断して管理しようという思いだったのでしょう。でも、彼らの意図がどうであれ、人間の意識レベルがそれによって上がれば良いわけなんです。

玉依：そうですよね。作った人たちではなく、もっと高次の宇宙的な流れがあるということですね。

矢作：はい、もっとハッキリ言えば、この地球自身が常にそうやって動かされているのです。人工的に作ったAIDSとかMARSとか、あんなもので人は死なないじゃないですか。人為的に人口を減らそうと思ったかもしれませんが、無理なんです。やっぱり人は結局、意識の進化をすること以外に、人口の適正化とかを含めて、最適化しないんです。

◆今が、「みんな誰もが神様だった」に目覚めるベストタイミング

玉依：そういう話を聞くと、安心しますね。自然の流れに「委ねていい」と感じます。宇宙的な視点で見れば、全体の流れとしては向かうべき方向に進んでいると思えます。極端なことが起きているからこそ、私たちの内側に全ての真実があると、人間が目覚めつつあるのですね。今までも多くの宗教が、それを目覚めさせようとしていましたが、全然成功してこなかった。ですが、今は環境が目覚めさせる方向に後押ししています。

矢作：「天の時、地の利、人の和」ですね。どんなに良いことを言っても、その時でなければ、なかなか響かない、ということです。

玉依：実は自らが全てを作り出していると、気づくことができる奇跡的なチャンスが来ていると思います。私たちは人間だと思っていたけれど、ある意味、神なんですよね。並木良和さん※は『みんな誰もが神様だった』って、本のタイトルにもされていましたが、現実を作り出している根源は内側にあると目覚める時ですよね。そのきっかけがコロナ。苦しいと感じる時は、いろんなものを手放さないから苦しいわけですよね。「これがないといけない」とか「これが無いと生きていけない」とか執着しているからしんど

い。

※目醒め、統合をテーマに、執筆、講演など全国的に活動しているスピリチュアルカウンセラー。著書「みんな誰もが神様だった」（青林堂）は、２０１８年に出版されている。

矢作：自分の外に解決を見出すから苦しいわけです。世界で信仰されている多くの宗教も同じです。たいがいは神を外に見出しているでしょう。

玉依：そうですね。自分の外側にいる神がパワーを持っていて、人間自身は無力なんだっていうスタンスだから苦しいのですね。

矢作：結局は、権力者側の、管理したいという下心があったのです。

玉依：なるほど。だから今は、そこから主導権を自分自身が握り直すということなんですね。

◆生きながら生まれ変わる時代

玉依：一方で、人生１００年時代と言われています。この考え方についてどう思われますか？

矢作：人生１００年って言わない方がいいかもしれないです。なぜなら、本来大事にすべきは健康寿命、つまり健やかさだったはずです。しかし、戦後は「延命」と言って、命の長さを大切にするようになってしまった。

玉依：そうですね。チューブを付けた状態だとしても、少しでも長く生きていることを大切にする風潮がありますよね。

矢作：長生きのクオリティを問うていないのです。「自立をしているか」とは考えていません。私は、長さを問題にするのではなくて「死ぬまで元気に」って言うほうが良いと思います。

玉依：「死ぬまで元気」で、なおかつ一昔前の人生50年とかではなく、もっと長く。先生も、この後、50年位は生きられそうに見えます（笑）。

先生、私はこう思うんです。今まで人は50年くらいの短い人生を生きて、子孫を残し生まれ変わることを繰り返して進化をしてきたわけです。けれど今後は「一つの人生を長く、その中で生き死にを繰り返して進化する」ということを人類が選択した、そのような状態が起きてると思うのです。死にかけると若返るっていう生き物が自然界にいるように、人間の場合、精神的に死を迎えるごとに、生き返ったり若返ったりするのだと思うんです。

矢作：なるほど、表現は色々あって良いと思います。

玉依：私の周りには、年齢を超えて、若々しいまま歳を重ねている人たちがたくさんいるんです。「これってどういう現象だろう？」と思って観察してみたら、古い自我だったりとか、今までの古い生き方をちゃんと終わらせて、また生まれ変わっている人たちだなって見えてきたのです。コーチングの現場ではそういうプロセスをよく見るのです。だから、一度の人生の中で、肉体は死なずに輪廻《りんね》転生《てんせい》していく時代なんだろうなって私は見ているのです。

矢作：そういう表現でもとらえられるし、あるいは、「脱皮」とも言えると思います。意識が進化するプロセスは、なだらかに進む場合と、それから段階的にカクンカクンって進む場合とあるので、そのように見えるのでしょうね。

玉依：そうですね。劇的に変化するように見える時と、小さな脱皮を繰り返すような時と、両方あると思っています。だから、苦しい時に苦しいがまま肉体ごと死んではいけない、その時に古い考え方や生き方だけ死んで、脱皮をして生まれ変わらなくてはいけないと思うのです。

矢作：「意識を変える」ということですね。

玉依：そうです。すると、新しい命が手に入るから、本当には死んではいけないって、声を大にして伝えたいことなんですよね。

おわりに

本書を最後まで読んでくださって、ありがとうございました。

この本を通して伝えたかったのは、

「五感で見たり聞いたりする感覚を超えて、感じ取る存在力」

「それを生み出す、見えないもう一つの身体、スピリチュアルボディ」

という二つの切り口です。

この本ができるまでのプロセスも、まさにこのスピリチュアルボディに導かれて「書かされた」のだと感じるような、不思議な道のりでした。

２０２０年の夏、コロナ騒動のおかげで閑散とした渋谷のオフィスにいた私に、突如として「本を書く」というインスピレーションが降りてきました。私たちには見えない身体があって、それが現実を創り出しているということを書く時だと。さらに、今、激変する社会に、その知恵を伝えることは、多くの人の役に立つに違いないと直感したのです。普段、言語化しないことを言葉にするのはとても骨が折れそうで、本当にできるのか半信半疑でした。

すると、なんとその二日後に、出版社の編集長さんから、フェイスブックで友達申請が送られてきました。もうこれはサインだなと思い、速攻でその方に、「実は本を書きたいと思っています」とメッセージを送りました。

早速、オンラインで本のアイデアを夢中で話させていただいて、あっという間に本の出版が決まってしまいました。自分でも驚くような展開でした。

ただし、いざ書き始めてみたら、なかなか文章が書けずにうんうん唸りながらの道のりでした。途中にまた別のサインがやってきて鎌倉移住もはさみ、気づくと11月。年内には一旦書き上げる予定だったものがなかなか進みません。

そんな中、12月に入ると、もともと入っていた仕事が容赦なく次々キャンセルになっていったのです。しかも、執筆が佳境に入った冬至に至っては、当時お付き合いしていた人が突然去ってしまうという事態までもが起き、まさに自分で書いた通り、リアルに精神的な死と再生のプロセスも同時進行しながら、一気にスケジュール通りに書きあがってしまったのでした。まさに、スピリチュアルボディは待ってはくれないわけですね（笑）。

もしかしたら、わかる、わかると思いながら読んでくださった方、気づきや救いを得たという方、感覚に落とし込むのが難しいと思う方、色々いらっしゃると思います。でもこうして現実に本が生み出されて、今あなたが手に取っていただいている結果は、間違いなく2020年の夏に「見えないところで起こったこと」が原因だったわけです。その「奥ゆき」だけでも感じていただけたら、嬉しいです。何よりも、この本が、時空を超えてあなたの手に渡ったことに、深い喜びを感じています！

本書を執筆するに当たり、お忙しい中、貴重な時間を割いて対談に応じてくださった矢作直樹先生に深く感謝申し上げます。

また、二人三脚でともに歩んでくださったみらいパブリッシングの東野敦子さん、対談記事の作成を手伝ってくださった「アムリタの泉」の佐藤恵理さん、パーソナルコーチの松本哲明さん、出版に際してアドバイスをくださった在日宇宙人の萩原孝一さん、これまでコーチングやヒプノセラピーを受けに来てくださった全てのクライアントの皆様、フェイスブックでつながりながら、この道のりを励ましてくださった友人や仲間の皆様、家族をはじめ、私の人生で、何度も死と再生を歩ませてくれた全ての愛すべき皆様に、心から御礼申し上げます。

玉依真乙

スピリチュアルボディで
最強の運と魅力を創る

存在力

プロコーチ・催眠療法士
玉依真乙

みらい

存《そん》在《ざい》力《りょく》

～スピリチュアルボディで最《さい》強《きょう》の運《うん》と魅《み》力《りょく》を創《つく》る～

2021年6月26日　初版第1刷

著者　玉依《たまり》真乙《まお》

発行人　松崎義行

発行　みらいパブリッシング
〒166-0003 東京都杉並区高円寺南4-26-12 福丸ビル6F
TEL 03-5913-8611　FAX 03-5913-8011
https://miraipub.jp　mail：info@miraipub.jp

編集　東野敦子

ブックデザイン　則武 弥（ペーパーバック）

発売　星雲社（共同出版社・流通責任出版社）
〒112-0005 東京都文京区水道1-3-30
TEL 03-3868-3275　FAX 03-3868-6588

印刷・製本　株式会社上野印刷所

ISBN978-4-434-29037-4 C0095

玉依真乙（たまり・まお　本名・溜香世子）

アウェアーズ合同会社代表

1971年東京都生まれ。津田塾大学卒業後、ジョンソン・エンド・ジョンソンなど大手外資系企業の秘書経験を経たのち、2011年よりコーチングと催眠療法で起業、延べ約 1万時間をパーソナルセッションに費やす。2015年に合同会社を立ちあげてからは「目醒めと現実創造」、「真実の愛とパートナーシップ」「アクエリアス時代と女性性の目覚め」など、主に「魂の目覚め」を大きなテーマとして100～300名規模のイベントを数々主催する。また、スピリチュアルな感覚や魂の視点を生かした独自のセッションは、本質的な願いを体現する支援として人気があり、経営者や医師、プロコーチからの口コミや紹介が絶えない。催眠療法においては、主に前世記憶を思い出して現在に生かしていくためのコーチング的アプローチを行っている。国際コーチ連盟 ICF認定プロコーチ（PCC）、米国CTI認定プロコーチ（CPCC）。日本臨床ヒプノセラピスト協会認定催眠療法士。矢作直樹先生（東京大学名誉教授）主催の同志塾第二期生。